DEPOIS...

Querido(a)
Eu e o Nicolas desejamos a você, que comprou este livro, muita alegria, sabedoria, aprendizado, autoconhecimento, paz, equilíbrio e que a mensagem por ele trazida conforte seu coração e preencha qualquer dúvida em relação à vida eterna. Que a felicidade seja parte de sua vida todos os dias!

OSMAR BARBOSA

PELO ESPÍRITO DE NICOLAS

DEPOIS...

OSMAR BARBOSA

PELO ESPÍRITO DE NICOLAS

DEPOIS...

Book Espírita Editora

3ª Edição

| Rio de Janeiro | 2020 |

BOOK ESPÍRITA EDITORA

ISBN: 978-85-92620-17-2

Capa
Marco Mancen | www.marcomancen.com

Projeto Gráfico e Diagramação
Marco Mancen Design Studio

Ilustrações do miolo
Aline Stark

Revisão
Josias A. de Andrade | http://texto10.wixsite.com/mais

Marketing e Comercial
Michelle Santos

Pedidos de Livros e Contato Editorial
comercial@bookespirita.com.br

3ª Edição.
Prefixo Editorial: 92620
Impresso no Brasil

BOOK
ESPÍRITA
EDITORA

Outros livros psicografados por Osmar Barbosa

Cinco Dias no Umbral
Gitano – As Vidas do Cigano Rodrigo
O Guardião da Luz
Orai & Vigiai
Colônia Espiritual Amor & Caridade
Ondas da Vida
Joana D'Arc – O Amor Venceu
Antes que a Morte nos Separe
A Batalha dos Iluminados
Além do Ser – A História de um Suicida
500 Almas
Eu Sou Exu
Cinco Dias no Umbral – O Resgate
Entre Nossas Vidas
O Amanhã nos Pertence
O Lado Azul da Vida
Mãe, Voltei!
Entrevista com Espíritos
Vinde a Mim
Parafraseando Chico Xavier
Autismo - A Escolha e Nicolas
Cinco Dias no Umbral - O Perdão
O Lado Oculto da Vida
O Médico de Deus
Colônia Espiritual Amor e Caridade - Dias de Luz
Impuros - A Legião de Exus
Depois...
Umbanda para Iniciantes

Agradecimento

Agradeço, primeiramente, a Deus por ter me concedido esse dom, esse verdadeiro privilégio de servir humildemente como um mero instrumento dos planos superiores.

Agradeço a Jesus Cristo, espírito modelo, por guiar, conduzir e inspirar meus passos nessa desafiadora jornada terrena.

Agradeço a Nicolas a oportunidade e por permitir que estas humildes palavras, registradas neste livro, ajudem as pessoas a refletirem sobre suas atitudes, evoluindo.

Agradeço, ainda, aos meus familiares, pela cumplicidade, compreensão e dedicação. Sem vocês ao meu lado me dando todo tipo de suporte, nada disso seria possível.

E agradeço a você, leitor, que comprou este livro e com sua colaboração nos ajudará a conseguir levar a Doutrina Espírita e todos os seus benefícios e ensinamentos para mais e mais pessoas.

Obrigado.

A todos, os meus mais sinceros agradecimentos.

Osmar Barbosa

"A missão do médium é o livro.
O livro é chuva que fertiliza lavouras imensas, alcançando milhões de almas."

Emmanuel

"A encarnação é tudo o que temos para nos tornarmos espíritos perfeitos. E é experimentando que chegaremos ao ápice de nossa evolução."

Osmar Barbosa

Sumário

"Deus nos permite tudo. E tudo o que Ele nos oferece é e será sempre para nos tornar filhos perfeitos."

Osmar Barbosa

Introdução

Qual seria a mais difícil de todas as perguntas? Entre todos os questionamentos da humanidade, qual seria essa pergunta sem resposta? Não me refiro àquelas questões mais cotidianas de nossas vidas ordinárias.

Existe vida após a morte? Qual é o motivo da vida? De onde viemos? Para onde vamos? Quem sou eu? Por que nasci nesta família, neste continente, neste país? Por que meu pai é o meu pai e minha mãe é a minha mãe? Meus irmãos, quem são? Minha família? Por que eu estou aqui? Por que neste corpo, nesta pele, falando este idioma? Tudo termina com a morte? Deus existe? Definitivamente nós precisamos aceitar a realidade que se descortinará à nossa frente assim que deixarmos nosso corpo físico. Somos seres eternos. Estamos encarnados por um motivo óbvio: evoluir. Você pode me perguntar o que é evoluir. Por que necessitamos dessa evolução? Para onde eu vou quando morrer? Por que existe a morte? Por que morrem as pessoas que mais amamos? Será castigo? Por que tudo isso? Por que tanto sofrimento? Qual o objetivo de tanta dor? Deus me castiga? Que justiça é essa? Quais os verdadeiros motivos de Deus para a morte? O que tem por detrás dela?

DEPOIS...

O que vem depois...

Estas são perguntas de nosso cotidiano. Perguntas que são feitas nas igrejas, nos templos, em todas as religiões. Vivemos sem entender os reais motivos da criação. Todos nós estamos presos dentro de um sistema organizado pelo materialismo, mesmo sem perceber. Somos escravos de nós mesmos.

Tudo o que nos foi apresentado no começo da vida deixamos de lado, estamos todos intrinsecamente ligados ao divino e nem percebemos isso. O sistema nos conduz. O governo governa. Você trabalha para pagar impostos que sustentam o sistema. Uns sofrem, outros riem. Muitas vidas são ceifadas pelo sistema materialista que nós criamos.

Pare. Pense. Você é parte desse sistema.

Sem perceber, vivemos pelo poder, seja econômico, ideológico ou político.

E é em nome desse poder que deixamos de lado a essência da vida. O mais importante da vida não é viver pela vida, e sim experimentar as coisas evolutivas da vida. Experimentar a natureza, os amigos, os familiares, as oportunidades de amor e caridade; enfim, ser livre do sistema que captura almas mesmo sem que elas percebam.

Religião não é coisa desta vida, religião é coisa da próxima vida. Lá, viveremos pela fé. Aqui precisamos viver pelo amor, pois é o amor que nos levará a experimentar uma eternidade de fé.

Religiosidade é algo que estamos começando a aprender. Somos ainda aprendizes das coisas de Deus.

A vida é muito curta para ficar aqui perdendo nosso tempo falando de coisas deste mundo. Uma coisa é certa. Esta vida vai terminar. E o que será que vem depois...

As páginas a seguir lhe trarão informações exclusivas de como tudo vai acontecer com você e comigo quando deixarmos esta curta existência aqui na Terra.

Ao acompanharmos a trajetória de Nicolas, iremos compreender muitas coisas. Vários porquês serão respondidos neste livro. O mais importante para mim, como escritor desta obra, é chamar a atenção de todos os leitores para a necessidade de trazer para dentro de nossa alma a compreensão de que somos ainda aprendizes dessa nova era. O espiritismo é uma crença ainda em sua infância; muitos espíritas estão equivocados com a religião, e isso é normal para quem ainda acabou de nascer. O espiritismo é como um bebê curioso que tudo experimenta para crescer saudavelmente.

Nós, meros estudiosos e interlocutores do Alto, não podemos nos refutar a passar adiante as informações que nos são trazidas da vida espiritual. Que por sinal são muito lindas!

Aquele que lê somente um livro espírita é um leitor espírita, mas aquele que experimenta a literatura espírita com mais abrangência deixa de ser um leitor e passa a ser um experimentador da religião do futuro.

DEPOIS...

Quais seriam as palavras de Allan Kardec nos dias de hoje? Quais seriam as informações que a codificação espírita estaria apresentando hoje para seus seguidores? Que tipo de livro, dos grandes autores espíritas desencarnados, você estaria lendo hoje? Quais as direções? Em que acreditar?

Não podemos ficar presos a velhos hábitos, assim como precisamos modernizar nossa literatura.

O Cristo nos falou por parábolas, porque era assim que nós poderíamos compreender seus ensinamentos. Se Jesus estivesse entre nós hoje, qual seria o linguajar de que ele se utilizaria para nos passar seus ensinamentos? Seria ainda por parábolas?

Costumo brincar com meus amigos que se Jesus estivesse hoje entre nós ele provavelmente vestiria uma calça *jeans*, usaria um tênis bem confortável, uma camiseta da moda e andaria de carona com seus apóstolos para fazer suas pregações. Não dá para imaginarmos um espírito tão iluminado andando no lombo de um burro e vestindo-se de roupas inapropriadas ao nosso tempo.

O planeta evolui, a vida evolui, a inteligência evolui, tudo evolui. Por que será que temos que ficar presos a velhos ensinamentos? Por que temos que viver de velhos livros?

Observe as crianças de hoje. Elas são muito diferentes das crianças que fomos. Não precisamos ir muito longe. Basta olhar nossa infância e veremos que as crianças de hoje já nascem diferentes.

Isto se chama renovação, evolução. Por que, então, será que tenho que viver preso a velhos hábitos? Por que ficar preso a velhos ensinamentos e a velhos livros?

Ao que nos é indicado, tudo está em transformação. Vários livros já falam da nova era, a era da regeneração. O começo está nas crianças que estão chegando para serem os precursores dessa tão esperada nova era. Os livros são outros instrumentos que o mundo espiritual nos presenteia para abrir as nossas mentes. Para alertar-nos da aceitação de uma nova vida após esta vida. Isso é progresso. Isso é amor divino. Isso é misericórdia de Deus.

Precisamos ser preparados. Precisamos aceitar a nossa real condição de espíritos eternos que somos. Até então o que sabíamos era que quando morrêssemos iríamos para o céu, se fôssemos bons filhos; ou para o inferno, se não cumpríssemos algumas determinações.

Hoje, vivemos uma nova realidade. Centenas de livros enchem as prateleiras das livrarias trazendo-nos informações preciosíssimas da vida depois da vida. Milhares de informações, relatos de espíritos que se encontram na vida eterna. Milhares de espíritos que, por amor, fazem o sacrifício de voltar a esse plano só para nos alertar sobre o que nos espera depois desta vida.

Sim, porque voltar aqui é um sacrifício enorme para esses abnegados amigos de luz.

Estamos tão enraizados aqui, que achamos que tudo termina com o fim da vida corpórea. Quando, na verdade, esta vida é apenas uma das experiências necessárias para nosso objetivo final.

E qual é o objetivo final?

É a resposta para essa pergunta que todos desejamos saber. A história trazida por Nicolas, neste livro, é um sinal, uma direção, uma luz neste universo de escuridão.

Espero, sinceramente, que este livro possa lhe auxiliar a compreender por que você está aqui. E espero que você aproveite bastante esta oportunidade. Espero que você não perca nem um segundo de vida e não desperdice as oportunidades, não as deixe fluir entre os dedos. Que cada experiência seja proveitosa à sua existência e que você possa compreender que tudo tem um motivo; que todos nós estamos em um projeto único, que estamos ligados uns aos outros, que não somos frutos do acaso. Espero que você, amigo leitor, encontre neste livro a razão de seu viver e aproveite bastante para ser o ser mais feliz do Universo.

Espero que você se conscientize e se prepare para o que vem DEPOIS...

Osmar Barbosa

Amigo leitor

Para melhor compreensão da obra e familiarização com os personagens, recomendamos a leitura de outros livros psicografados por Osmar Barbosa.

O Editor

"Não erreis: Deus não se deixa escarnecer; porque tudo o que o homem semear, isso também ceifará."

Gálatas 6:7

O acidente

Quatro horas antes.

Nicolas chega à igreja para assistir à pregação do pastor Romualdo, que vem de outra cidade. O templo está lotado, afinal o pregador da noite é muito famoso e traz consigo um histórico de muitas curas e graças alcançadas em nome de Jesus.

Todos estão eufóricos, a noite é realmente especial. É um sábado de alegria.

Filas para ver o ilustre convidado. Barracas foram armadas na rua da pequena igreja. Umas vendem doces; outras, salgadinhos; pipoqueiros fazem a festa. Uma verdadeira quermesse. A noite é quente, afinal é janeiro de 2010. Tudo está perfeito para a noite de pregação e milagres.

Vários ônibus estão chegando ao bairro pobre da Baixada Fluminense, trazendo fiéis de várias igrejas da redondeza. Moças bem vestidas, rapazes dentro de seus ternos novos, todos têm alguma coisa em comum. Todos trazem nas mãos um livro preto. Todos trazem em suas mãos uma bíblia.

A noite promete ser de curas, alegria e revelações.

DEPOIS...

Nicolas procura uma vaga para estacionar seu carro. Após encontrar ele desce do veículo e ajeita-se para uma pequena caminhada até a igreja. A rua está movimentada. Jovens, idosos e crianças lotam o lugar.

Um garoto aparece do nada correndo.

– Tio, eu posso tomar conta do seu carro?

– Sim, moleque, pode sim; ao sair do culto lhe dou um trocado.

– Valeu, tio! – diz um garoto de uns dez anos se afastando e sinalizando para outras pessoas estacionarem.

Nicolas acabou de comprar seu novo automóvel.

Após caminhar mais um pouco, ele encontra um amigo de nome Leandro.

– E aí, Nicolas, como vai?

– Estou bem e você, meu amigo?

– Beleza, estou ótimo; a igreja vai bombar hoje, irmão.

– É, o pastor é famoso – diz Nicolas cumprimentando Leandro.

Após um aperto de mão.

– E aí, vamos comer um lanche antes da pregação?

– Estou com fome, mas vou esperar o culto, e depois como alguma coisa, Leandro. Obrigado pelo convite.

– Se você não se importa eu vou lanchar agora. Pode ser, irmão?

– Fique à vontade, irmão.

– Aí, me conta, que carrão legal você comprou, hein?!

– Pois é, eu estava juntando uma grana, e graças a Deus consegui. Acho que Ele me presenteou com este novo carro.

– Nosso ministério é muito forte mesmo, não é, irmão?

– Sim, estou muito feliz dentro desta missão.

– É. O pastor vai lhe cobrar o dízimo, fica esperto.

– Já paguei o dízimo deste mês, Leandro.

– Ele vai lhe pedir uma oferta pela compra do carro, podes crer.

– Se for da vontade de Deus, faço esse sacrifício.

Leandro se aproxima de uma barraca de salgados.

– Aí, tia! Me dá um salgado desse aí e um refrigerante, por favor!

– Cara, você vai comer isso antes da pregação?

– Ih, qual é, Nicolas? Vai me dizer que você não come isso?

– Sim, eu até como, mas sempre depois do culto.

– Mas é que estou morrendo de fome, irmão.

– Tá bom! O problema é seu.

– Beleza!

– Olha, Leandro, vou entrando logo na igreja; quero arrumar um lugar bem legal para assistir ao culto de hoje.

– Vai lá, irmão, vai lá.

– Até já!

Nicolas se afasta de Leandro e entra na igreja, poucos lugares ainda estão disponíveis. Mas ele logo se ajeita numa das primeiras filas para assistir à pregação.

Toda essa confusão é acompanhada de perto por espíritos de luz, encarregados do encaminhamento de Nicolas para a vida eterna. Ele ainda não sabe, mas dentro de poucas horas deixará o plano terreno e estará adentrando na vida espiritual.

Esses espíritos são a Nina e o Felipe. Eles são enviados da Colônia Espiritual Amor e Caridade.

Nina é uma jovem ruiva, de olhos verdes e que aparenta ter uns vinte anos. Felipe é seu fiel companheiro. Rapaz alto, moreno, de corpo atlético, aparenta ter uns vinte e três anos.

Nina e Felipe conversam:

– Olhe, Nina, o nosso rapaz já está em oração.

– Sim, é lindo ver quando se ora com fé.

– Posso ver seu coração vibrando de amor por Jesus – diz Felipe.

– Eu posso até sentir tanto amor por Deus – diz Nina, emocionada.

– Logo teremos que levá-lo para a Colônia.

– Sim, Felipe, são essas as determinações de Daniel.

Daniel é o presidente da Colônia Espiritual Amor e Caridade. É ele quem passa para os espíritos que auxiliam a colônia as tarefas a serem realizadas tanto nas esferas espirituais como nas terrenas.

Os abnegados espíritos de luz continuam a conversa.

– Vamos esperar o término do culto evangélico e vamos acompanhá-lo em seu trajeto de volta para casa.

– Sim, Felipe – diz Nina sentando-se nos degraus da igreja.

– Vem, Felipe, sente-se aqui ao meu lado.

Sem pestanejar, Felipe senta-se ao lado de Nina e, juntos, assistem ao culto.

Passada meia hora, o palestrante ilustre é anunciado.

A igreja ferve com o furor dos fiéis enlouquecidos com a presença de Romualdo.

Homem forte, cabelos penteados, feições finas. Vestido num lindo terno de linho azul, camisa de seda, sapatos pretos e gravata azul-turquesa.

– Nina se assusta com as companhias espirituais do ilustre convidado e se levanta.

– Tenha calma, Nina, eles não podem nos ver.

– Como você sabe disso, Felipe?

– Daniel me disse que na vibração espiritual em que eles se encontram estão cegos de luz. Ou seja, tudo o que é divino é imperceptível à visão desses espíritos trevosos.

– Sim, já tínhamos passado por isso quando fomos ao Umbral resgatar sua mãe, Yara. Lembra-se?

– Sim, Nina, me lembro perfeitamente desse dia.

– Esses espíritos estão tão focados em abastecer seus egos, que se esquecem do divino; e esquecendo-se do que é a essência de todos nós, ficam cegos.

– É isso aí, Nina.

– Vamos assistir ao culto, Felipe. É o melhor que podemos fazer neste momento.

– Sim, sente-se aqui, Nina – Felipe indica um lugar no canto direito da igreja após ela ter se levantado e se afastado do pregador.

Assim o culto de louvor começa.

"O amor é o único sentimento que levaremos para a vida eterna!"

Osmar Barbosa

Colônia Espiritual Amor e Caridade

A Colônia Espiritual Amor e Caridade está localizada sobre o estado de Santa Catarina, adentra por São Paulo e também abrange parte do Paraná e Mato Grosso do Sul. Ela é composta por treze grandes galpões, dos quais três são dedicados à recuperação, transição e realinhamento por meio de terapias do sono e passes dados por espíritos auxiliares.

Outros quatro galpões servem de enfermaria, onde os pacientes na idade adulta que desencarnam em hospitais, vítimas de câncer, são acolhidos. Outros dois são especialmente destinados às crianças, também vítimas de câncer.

Há ainda um galpão, o maior de todos, onde funciona o setor administrativo da colônia, onde há salas e teatros amplos. Nesse galpão são feitas reuniões adiministrativas e reuniões com os espíritos missionários que trabalham na Terra auxiliando nas casas espíritas, centros cirúrgicos, igrejas e nos hospitais.

Os três galpões que faltam mencionar funcionam como centros de treinamento e escola.

Há em toda a colônia amplos jardins, lagos e praças, onde os espíritos recolhidos se encontram para o lazer e orações contemplativas. As praças são extensas e gramadas, com diversos brinquedos para as crianças, balanços, pedalinhos, escorrega, entre outros.

Há animais na colônia. Cães reencontram seus donos. Aves sobrevoam a todo momento o lindo céu lilás de Amor e Caridade.

Deus quis assim e assim se fez.

As colônias são cidades de refazimento, contemplação e oração. É nas cidades espirituais que transitamos por algum tempo até nosso completo refazimento para seguir adiante. Seguir para outras vidas ou para outras dimensões. Para outras oportunidades.

Há milhares de espíritos que voluntariamente trabalham nessas cidades. O salário é chamado de bônus-hora. É uma espécie de remuneração por serviços prestados nas colônias espirituais.

É o melhor lugar para se viver, dizem os espíritos.

Nós, quando desencarnarmos, somos levados para essas cidades. Alguns de nós ficarão em sono de recuperação até que os familiares se acalmem e compreendam a separação. A isso chamamos aqui de misericórdia divina. Deus não pune Seus filhos, para isso o sono da recuperação poupa não só o desencarnado do sofrimento de assistir a filhos e mães sofrendo como também nos alivia a alma. Durante o sono de recuperação, espíritos superiores nos tratam, desfazendo os vícios do nosso corpo espiritual. Aqueles que contraímos durante nossa existência terrena, tais como o fumo, o álcool e outros tantos mais, refazendo assim nossa condição de espírito eterno que somos. Mas não se iluda, isso não é privilégio de todos. Só algumas almas recebem essa benesse, pois aqueles que optam por viver para o mal, o mal irá recebê-los na vida espiritual.

Colhemos exatamente aquilo que semeamos. Somos o resultado de nossos pensamentos, atitudes e sentimentos.

Os bons colhem a bondade; os maus, a maldade.

Lugares como o Umbral são o destino da maioria dos seres encarnados na Terra. Lá, eles são tratados e reeducados e aprendem a se aceitarem como filhos da divina criação.

A maioria de nós irá transitar por planos densos para que sejam desfeitas todas essas imperfeições adquiridas pela insistência no mal, pela indisciplina e por nossa imperfeição. Todos nós, eu disse todos, recebem uma oportunidade evolutiva. Isso se chama misericórdia divina.

Acontece que a maioria despreza essas oportunidades. Isto não é CASTIGO, isto é JUSTIÇA!

As colônias são as cidades mais próximas da Terra. Por isso todos os espíritos que desencarnam pedem para trabalhar nas colônias, pois é desse lugar que podemos acompanhar tudo o que se passa na Terra, principalmente dentro de nosso seio familiar.

São milhares de voluntários.

Iremos comprender melhor isso no decorrer da história deste livro.

Vamos adiante...

"Deus cuida de Seus filhos, como uma mãe que guarda em seu ventre a vida que renasce!"

Osmar Barbosa

O momento de fé

A igreja está eufórica. Suado, Romualdo faz uma pregação sobre a justiça de Deus.

Diz o pastor:

– A justiça de Deus é cheia de misericórdia. Deus castiga quem peca, mas perdoa quem se arrepende. Em Sua justiça, Deus não podia deixar nossos pecados impunes. Por isso, Ele levou nosso castigo. Agora todos que aceitam Jesus como seu Salvador podem ser perdoados e se tornarem justos.

Aplausos, gritos de aleluia!

– Amém, irmãos?

– Amém! – todos dizem.

Nina olha para Felipe e diz:

– Por que eles insistem em mostrar um Deus que pune, Felipe?

– Ora, Nina! Alguém tem que vender o bônus da salvação, quem não quer livrar-se de seus pecados?

– Verdade – diz Nina, sorrindo.

– Mas o pontapé inicial já foi dado; lembre-se que em algumas encarnações nossas não se podia nem falar o nome de Deus em público. Você se lembra da Inquisição? – pergunta Felipe.

– Ora, se lembro! – diz Nina.

– Pois bem, a humanidade caminha para o autoconhecimento. E isso é bom! A cada dia que passa os encarnados buscam conhecer-se, e essa busca incansável é boa para o encontro com o divino.

– É verdade, Felipe, ainda bem que tudo está sendo cumprido.

– E tudo se cumprirá, Nina.

– Olhe para os corações acesos em fé, aqui agora. Olhe bem para esses espíritos que estão aqui pela fé e não por vaidade, orgulho ou qualquer outra coisa que não serve para um bom cristão. Olhe bem dentro dessas almas, Nina, e podemos ver que a fé cresce cada dia mais, dentro desses humildes corações.

– Eu posso ver o coração de Nicolas. Ele está aceso de fé, e isso será muito bom para que possa aceitar o que lhe está reservado pela frente.

– Sim, ele já está pronto – diz Felipe.

– Faltam poucas horas – diz Nina.

– Veja bem, Nina, quantas almas há aqui neste momento?

– Há, sei lá! Umas quinhentas?

– Sim, aproximadamente quinhentas almas.

– Olhe, Nina, quantas estão acesas?

– Umas cem.

– Viu? Nem tudo está perdido, Nina. Algumas já estão salvas. Não importa onde, nem quando; o que importa é que algumas almas já se modificaram e estão preparadas para seguir em frente em sua jornada pessoal de evolução.

– Fico muito feliz, Felipe.

– Eu também, Nina.

– Olhe, o pastor está finalizando a apresentação.

– Não é apresentação, Felipe, é culto.

– Isso, isso mesmo. Vamos prestar atenção agora.

Diz o pastor:

– Irmãos, as bênçãos do culto são uma reflexão sobre nossa peregrinação. Precisamos ser diligentes, disciplinados e estudiosos da palavra de Deus. Façam suas oferendas a essa igreja, que precisa de sua ajuda para seguir evangelizando. Em nome de Jesus...

– A única coisa errada nesta frase, Nina, é *em nome de Jesus*. Porque Jesus jamais pediu um centavo a quem quer que fosse, de sua época. Ele poderia finalizar do jeitinho que finalizou, mas não envolvendo o nome de Jesus nesse pedido de ofertas.

– Um dia, Felipe, eles compreenderão que Jesus é o nosso querido irmão; que ele é o governador espiritual dessa galáxia, e que só se pode usar seu nome para dizer palavras de amor. Tenha paciência, Felipe!

– Sim, Nina, eu tenho paciência e amor em meu coração.

– Muito bom, Felipe.

Todos fazem as oferendas. A igreja começa a se esvaziar. Os fiéis se dirigem para suas casas, com o coração repleto de esperança, paz e amor.

Nina e Felipe seguem ao lado de Nicolas.

Nicolas é abordado pelo amigo Leandro:

– E aí, Nicolas, vai para onde?

– Vou para casa. Minha mãe está me esperando para o jantar.

– Sério, cara? Você não vai ficar para o encontro de jovens?

– Não, Leandro, combinei de jantar com a minha mãe; sabe essas coisas de mãe?

– Tipo o quê?

– Tipo "filho, acordei hoje com uma sensação muito ruim em meu coração e bláblábla".

– Ih, lá em casa é igualzinho. Minha mãe vive me dizendo que sente que algo muito ruim vai acontecer comigo.

– Pois é, Leandro, combinei que assim que saísse da igreja eu iria para casa jantar com ela. Ela até fez estrogonofe, meu prato preferido.

– Cara, desculpe-me lhe perguntar, mas quantos anos você tem?

– Eu?

– Sim.

– Vinte e sete.

– Cara, você não acha que está na hora de arrumar uma namorada para casar? Aqui na igreja as irmãs vivem dando em cima de você, qual é a sua, irmão?

– Têm coisas que você ainda não sabe a meu respeito, Leandro.

– Perdoe-me, cara, mas é estranho.

– Leandro, já namorei bastante, fui até noivo, mas Deus tirou a Isabela de mim.

– Como assim, cara? Poxa, desculpa aí!

– Vamos sentar ali naquela barraca, que lhe conto um pouco da minha história.

– Vamos sim. Perdoe-me, irmão, se lhe ofendi.

– Não, não precisa pedir perdão, você não me ofendeu. As pessoas é que vivem julgando os outros sem saber a realidade de cada um.

– Pior que é verdade mesmo.

– Sente-se – diz Nicolas, mostrando uma cadeira para o amigo.

– Olha, amigo, se você não quiser falar de sua vida, não precisa; eu até peço perdão por ter tocado nesse assunto com você.

– Fique tranquilo, vou lhe falar de Isabela, isso me faz bem, sabe? Alivia meu coração.

– Eu vim de outra religião, aliás, já passei por algumas religiões em minha busca para uma resposta, mas foi aqui que encontrei a paz que precisava para viver.

– Diz aí, irmão, o que houve com Isabela?

– Eu e Isabela nos conhecemos no jardim de infância. Na escola, desde pequenos, vivíamos juntos. Logo minha mãe descobriu que ela morava na rua de trás da nossa. Fomos parceiros inseparáveis desde a infância. Quando nos tornamos adolescentes, começamos a namorar; ela foi minha primeira mulher e eu, o primeiro homem da vida dela. A minha primeira e única namorada.

– Poxa, cara, que legal! – diz Leandro.

– Aos dezessete anos Isabela começou a sentir uma forte dor de cabeça, uma dor insuportável. Ficamos muito preocupados. Daí sua mãe levou-a para fazer uns exames e foi constatado um tumor maligno na sua cabeça. Ele teve câncer.

– Meu Deus! E o que aconteceu?

– O pior, amigo, o pior! Dois anos depois ela morreu. Aos dezenove anos ela me deixou.

– Cara, me perdoe ter tocado nesse assunto.

– Sem problemas, Leandro.

– Ainda bem que você não fez nenhuma bobagem, cara.

– Eu até tentei me matar, mas uma força muito estranha me impediu.

– E agora?

– Agora levo a vida. Trabalho, estudo, ganho grana, curto minha família, mas não consigo ser feliz. Não consigo compreender por que Deus fez isso comigo. E ainda não estou preparado para um novo relacionamento.

– Cara, um dia quando chegar ao paraíso, você vai poder encontrar-se com ela e, quem sabe, viver eternamente feliz?

– É nisso que eu aposto a vida. Não tenho alegria nenhuma, não consigo ser feliz sem Isabela.

– Irmão, confie em Deus, Ele vai lhe prover uma mulher que vai fazê-lo esquecer essa menina.

– Não estou na igreja por esse motivo, mas porque me desiludi, não só com a vida, mas também com as religiões.

– Não fala essa bobagem, cara!

– Venho procurando a resposta para isso em vários lugares. Cheguei até a acreditar que havia pessoas honestas dentro das casas religiosas, mas só encontrei vaidade, orgulho, desonestidade, intolerância e imoralidade. As pessoas confundem as coisas.

– Isso é verdade, irmão. Quer o lanche agora?

– Não, Leandro, eu lhe agradeço; mas como lhe falei, vou para casa jantar com a minha família.

– Desculpe, tinha me esquecido disso.

Nicolas se levanta e cumprimenta o amigo.

– Até quinta-feira, irmão!

– Até, Leandro!

Nicolas dirige-se ao seu carro.

O jovem menino se aproxima de Nicolas.

– E aí, tio, gostou do culto?

– Sim, moleque, toma aqui seu trocado – diz Nicolas, dando cinco reais ao garoto.

– Valeu, tio!

– Use bem essa grana, hein, rapaz!

– Pode deixar, tio. Vou dar para minha mãe comprar comida para os meus irmãos.

– É para isso o dinheiro?

– É sim, tio. Meu pai morreu e minha mãe passa o maior perrengue para comprar comida para todos nós lá em casa.

– Então vem cá – diz Nicolas tirando mais dez reais do bolso.

– Poxa, tio! Obrigado, viu?

– Vai e compra comida para todos.

– Obrigado, tio!

Nicolas entra em seu carro e começa a dirigir em direção à rodovia que dá acesso ao seu bairro. O engarrafamento é grande, mas Nicolas é paciente e segue tranquilamente seu destino.

Após alguns minutos ele chega à rodovia, e o trânsito é intenso. Nicolas então aguarda no acostamento para fazer uma manobra de retorno. Ele olha para um lado, olha para outro e vê que o caminho está livre. Rapidamente acelera seu carro no intuito de fazer a manobra. Nicolas não percebe, mas um caminhão vem em sua direção com os faróis apagados. O inevitável acontece. Uma forte batida se dá entre o pequeno veículo do rapaz e o caminhão carregado de hortaliças, que se dirigia ao Ceasa.

O caminhão acerta o automóvel em cheio. Nicolas vai a óbito imediatamente.

Nina e Felipe estão ao lado do carro, e imediatamente introduzem o rapaz em sono profundo.

Nicolas nem percebe, mas ele está morto para a vida terrena e se prepara para a vida espiritual.

– Venha, Nina, vamos ampará-lo até que os socorristas cheguem.

– Felipe, coloque-o aqui no meu colo, por favor – diz Nina, sentada no gramado à beira da rodovia.

Várias pessoas se aproximam e tentam salvar o pobre rapaz, que está muito ensanguentado.

Felipe retira Nicolas das ferragens retorcidas do veículo e o toma em seus braços, repousando-o delicadamente no colo de Nina, que acaricia sua cabeça introduzindo-o ao sono da recuperação. Nicolas dorme profundamente.

O desespero no lugar é grande. Vários curiosos se aproximam para roubar os pertences de Nicolas que agoniza nas ferragens retorcidas de seu automóvel. Todos sabem que o rapaz está morto. Ou à beira da morte. O que há é o corpo físico reagindo à terrível tragédia.

Logo uma equipe de quatro maqueiros da Colônia Espiritual Amor e Caridade chega e coloca o rapaz na maca fluídica para que ele seja transportado para um dos leitos da enfermaria da colônia.

Nina e Felipe seguem acompanhando o grupo de socorristas.

Todos deixam o plano terreno e adentram na Colônia Espiritual.

A ambulância chega, e os socorristas constatam que não há mais nada a ser feito, Nicolas está morto.

A notícia corre até chegar à igreja onde alguns fiéis ainda se encontram no encontro de jovens.

– Leandro, você já soube?

– Soube o quê?

– O Nicolas morreu.

– O quê? Tá maluco?! Ele estava comigo aqui ainda agora, estávamos conversando – diz Leandro, transtornado.

– Pô, cara, me perdoa, mas é verdade; ele bateu o carro num caminhão lá na rodovia e morreu na hora.

– Meu Deus! Vamos falar com o pastor.

– Sim, temos que avisar a família dele – diz Leandro.

– Venha, vamos – diz Laíz, quem trouxe a notícia.

Leandro e Laíz dão a notícia ao pastor, que logo liga para a família de Nicolas para informá-la do ocorrido.

O desespero é grande.

"O centro espírita é uma porta aberta, donde a espiritualidade renasce iluminadamente todos os dias."

Osmar Barbosa

No centro espírita

A reunião já está terminando. O orador da noite faz a prece de encerramento. Paulo e Magda são trabalhadores da Casa Espírita de Caridade. É um pequeno centro espírita onde são atendidas aproximadamente oitenta pessoas por reunião.

Os trabalhadores são honestos e a caridade ali é verdadeira. Todos trabalham incansavelmente parar vencerem a si mesmos, pois como diz a presidente dos trabalhos daquela casa, a reforma íntima é o que mais necessitamos para alcançarmos alguma evolução.

O amor está presente nos trabalhos daquela humilde instituição.

Após o término das orações, Magda é surpreendida pela presença de Regina, sua filha mais nova.

– Gente, o que será que a Regina faz aqui a esta hora?! Olhe, Paulo, vê se não é a Regina que está vindo ali!

– Sim, é ela mesma, querida!

Regina, com lágrimas nos olhos, se aproxima da mãe.

– Meu Deus, o que houve, Regina?

– Mãe, uma coisa terrível aconteceu.

– O que houve, filha? – diz Paulo aproximando-se e pegando a filha pelas mãos.

– Um acidente, mãe! Um acidente com o Nicolas!

– Meu Deus, o que houve, filha?

– Mãe, o Nicolas morreu!

Magda perde as forças e desaba, amparada por Paulo, sobre uma cadeira próxima.

Os tarefeiros da casa correm para amparar a família em desespero.

– Mas o que houve, Regina? – pergunta Paulo, aflito.

– Ele tinha saído da igreja e estava vindo para casa, para jantar conosco, como combinamos, daí um caminhão de faróis apagados bateu violentamente contra o carro dele e ele não resistiu, pai.

Regina chora compulsivamente.

– Meu Deus, meus amigos da espiritualidade! Por que isso comigo? – diz Paulo, revoltando-se.

A dirigente de nome Marly se aproxima rapidamente do grupo.

– Gente, o que houve?

– Meu filho, Marly, acaba de morrer, vítima de um acidente de carro – diz Magda tentando recuperar as forças.

– Jesus! Mentores amigos, olhem pelo menino – diz Marly.

– Pai, você precisa vir comigo, a Marcele está desesperada lá em casa. E você sabe, ela está grávida, e nós não estamos conseguindo acalmá-la.

– E o Lucas, onde está?

– Já mandaram avisá-lo.

– Pedro não está com a Marcele? – pergunta Paulo.

– Não, pai, ele está no futebol com os amigos.

– Venha, Magda, você precisa ser forte; vamos cuidar dos nossos filhos.

Após beber um copo com água e açúcar, Magda retoma as forças e segue com Paulo e Regina para sua casa, para olhar pelos outros filhos.

Todos estão inconformados com a morte do rapaz.

No enterro, muitos amigos. Todos estão chocados, Magda sente um alívio no peito como se alguém dissesse a ela que isso era o melhor para Nicolas que sofria a ausência de Isabela. Ele já tinha vencido duas depressões. Agora ele poderia encontrar-se com seu grande amor e viverem juntos para sempre – pensava Magda.

Marcele, sua irmã mais velha, estava sendo consolada pelo seu marido, Pedro, que só tinha uma preocupação na cabeça: o filho de sua esposa que estava por nascer. Lucas, o irmão mais novo, estava sereno; Regina, inconsolável.

Paulo sentia um misto de raiva e amor em seu coração, ele não aceitava que seu filho tivesse morrido de forma tão trágica. Não achava justo, pois ele era uma pessoa muito caridosa. E era ele quem cuidava da oferta de cestas básicas para os mais pobres no centro espírita e também o responsável pela sopa fraterna, distribuída aos moradores de rua de sua cidade.

Magda está um pouco confusa. Perder um filho não é fácil para ninguém.

Nina e Felipe chegam à capela para acompanhar a despedida de todos. Nicolas encontra-se em sono profundo em um dos leitos da colônia.

– Nina, vamos dar um passe em todos e voltar aos nossos afazeres na colônia.

– Sim, Felipe, vamos dar um passe em todos, acalmar esses corações aflitos e voltar o mais rápido possível para a nossa colônia.

Assim, Nina e Felipe realizam um passe, acalmando todos os presentes e tudo corre com serenidade, compreensão e amor.

– Olhe, Nina, o Paulo é um grande homem.

– Verdade, Felipe.

– Logo ele vai compreender que nada se perde, e a paz voltará ao seu coração.

– Eu só espero que ele não desista de fazer o que vem fazendo no centro espírita.

– Eu também, Nina – diz Felipe.

– Acontece que muitos tarefeiros do bem se esquecem de que a perseverança é um atributo dos espíritos mais nobres.

– Verdade, Nina. Na primeira dificuldade os trabalhadores do bem deixam de lado todo o amor pela causa e se perdem nos sentimentos mais moribundos dos prazeres humanos.

– Estar encarnado é um grande desafio, Felipe, não se esqueça disso.

– Sim, Nina, mas todos os dias eles recebem informações preciosíssimas. Por que hoje acreditam e amanhã desacreditam? Por que essa instabilidade?

– Felipe, deixe-me lhe explicar uma coisa: espíritos encarnados necessitam de muitas tarefas para compreenderem a evolução. Necessitam de muitas oportunidades evolutivas. Infelizmente, eles se perdem em seus próprios pensamentos, em suas próprias crendices. Hoje, acreditam no Jesus da Igreja; amanhã, no Jesus do Islã; depois no Jesus das religiões ocidentais e orientais; um dia, nas religiões de origem afro; outro, nas bíblicas. Por isso e por tantos outros motivos as colônias estão lotadas de espíritos arrependidos. Pois tiveram centenas de oportunidades e jogaram tudo fora. Jogaram tudo no lixo da existência.

– É lamentável, Nina, que esses espíritos deixem de lado tantas oportunidades.

– Sim, mas Ele que tudo vê, sabe e compreende Seus filhos. Todos terão ainda algumas oportunidades.

– Espero que não demorem muito – diz Felipe, sorrindo.

– Como diz nosso amigo, o Rodrigo, a paciência enobrece o espírito.

– Haja paciência, Nina!

– Você está irônico hoje, Felipe!

– Não é ironia, é questão de paciência mesmo. Não sei como o Criador suporta tanta crueldade, tanta maldade, tanto desleixo com as coisas d'Ele. Onde já se viu? Hoje eles lhe abraçam, amanhã o excomungam. Como pode?

– Imperfeição, Felipe, imperfeição!

– Eu mesmo trabalho com você há muito tempo, e já vimos de tudo. Quantos médiuns escolhemos para nos representar nas casas espíritas, e com o passar do tempo nem ao menos se recordam de agradecer nossa ajuda? Não é que eu queira ganhar elogios, sabemos que isso não nos leva a nada, não é isso. Importam as oportunidades desperdiçadas por esses médiuns que nem sequer procuram saber o que é mediunidade.

– Eles precisam compreender que mediunidade é uma porta que, quando aberta, jamais se fechará.

– Isso, Nina, isso mesmo. Os médiuns das casas espíritas precisam assumir suas responsabilidades para com seus mentores, assim como nós assumimos as nossas para com eles.

– Tenha calma, Felipe. O tempo é o senhor da razão.

– Nina, o tempo é de regeneração; as casas espíritas estão lotadas de pseudomédiuns, que nem sequer sabem o que é mediunidade. Eles precisam despertar antes que seja tarde.

– O Criador está providenciando isso, Felipe. Tenha calma!

– Eu tenho calma, o que eu não tenho é tempo. Nós estamos aqui para evoluir. A evolução é pessoal. Ninguém pode evoluir por mim e muito menos por você, Nina. Precisamos conscientizar a todos os tarefeiros, a todas as pessoas envolvidas nessa relação mundo físico-mundo espiritual, que é chegado o fim dos tempos para aqueles que não promoverem uma reforma íntima rápida. Avisar a todos, assim como o Paulo, que ninguém está imune aos acontecimentos terrenos, necessários à evolução de um determinado grupo de espíritos. Só se conhece o amor de Deus pelas provas, sejam elas boas ou ruins. Partindo do princípio de que tudo é amor, todos devem acreditar que a separação temporária de seus entes queridos é, na verdade, uma das etapas para o engrandecimento do espírito.

– Lindas palavras, Felipe.

– Obrigado, Nina.

– Agora vamos voltar para a colônia, temos muito trabalho pela frente.

– Sim, vamos. Mas antes preciso registrar uma coisa.

– O que, Felipe?

– Alertar a todos que estão lendo estas páginas que este livro é uma oportunidade. O que iremos revelar aqui é de uma importância muito grande para todos aqueles que têm Jesus em seu coração. Não se brinca com a vida e muito menos com a morte. Tudo está ligado ao Criador que tudo vê. A soberania da criação é maior do que se pode imaginar. Deus é amor em plenitude. Estas páginas que estão sendo escritas por este médium são de grande valia para aqueles que não desejam sofrer as consequências da desobediência e permanecerem por longos períodos no Umbral. Somos espíritos missionários, nossa única intenção é salvar almas; por isso trabalhamos incansavelmente em diversas frentes para auxiliar a humanidade a se livrar da dor. A dor que dilacera os corações sofridos nas camadas mais sombrias dos planos espirituais inferiores. Tudo na existência tem um porquê. Quando todos estiverem libertos do envoltório carnal, compreenderão estas minhas palavras. E muitos rogarão a Deus por esse dia.

– Amém, Felipe!

– Agora podemos voltar.

– Vamos, meu amor.

– Vamos, Nina.

Assim, Nina e Felipe voltam à Colônia Espiritual Amor e Caridade.

"A vida não se resume a esta vida!"

Nina Brestonini

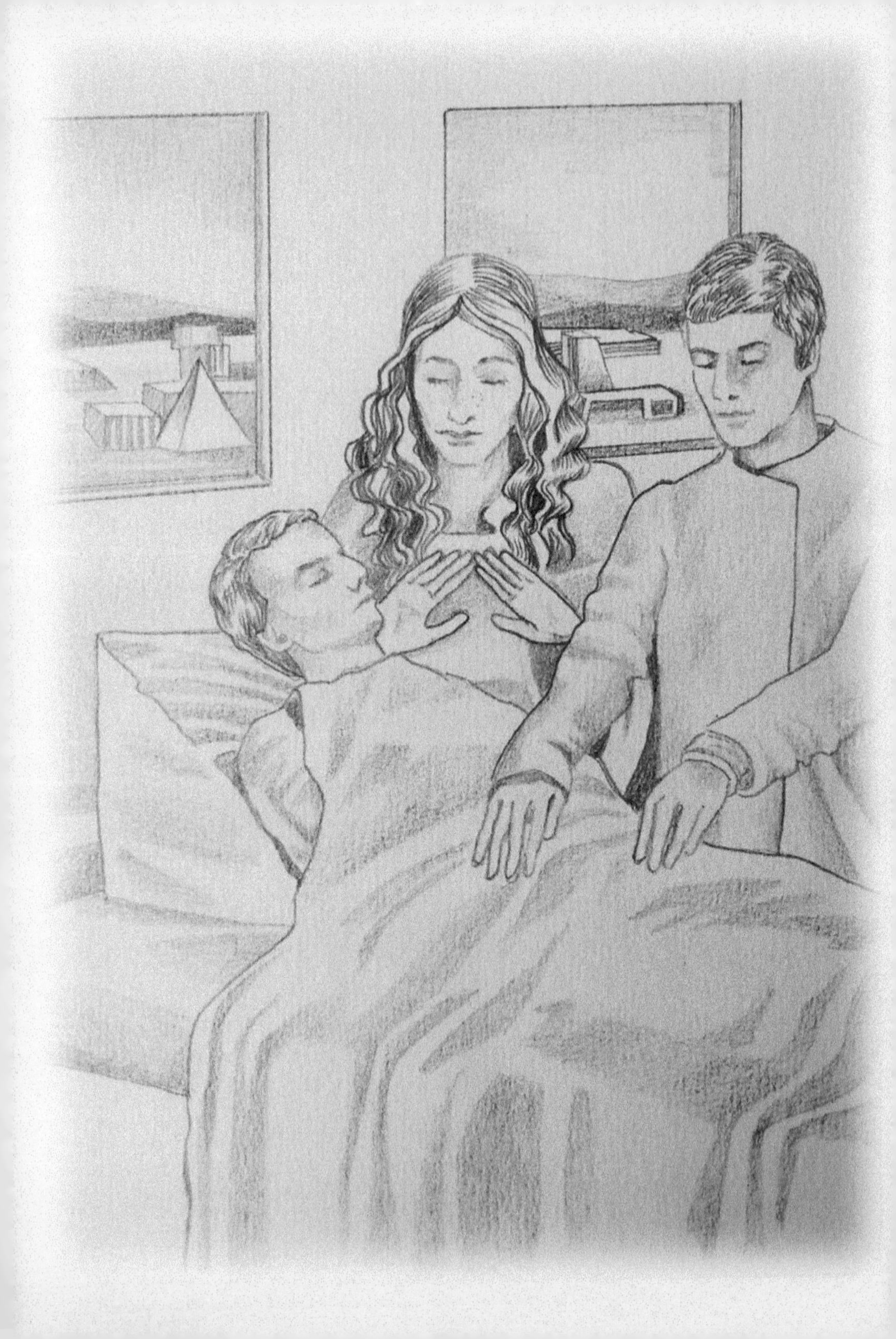

A vida

Após algum tempo, Nina e Felipe se aproximam do leito de Nicolas e começam a lhe aplicar um passe para que ele acorde do sono da recuperação.

Já se passaram três meses desde seu desencarne.

Lentamente o rapaz desperta.

Ao perceber que o jovem está acordando, Nina para de dar o passe e começa a conversar com Nicolas.

– Bom dia, Nicolas!

– Hum.

– Bom dia!

– Quem é você?

– Eu me chamo Nina, e este aqui é o Felipe.

– Onde estou?

– Em um hospital espiritual.

– Onde fica este hospital? Eu nunca ouvi falar deste lugar.

– Está localizado sobre o estado de Santa Catarina; do Paraná, adentra São Paulo e Mato Grosso do Sul.

– Como assim? – diz Nicolas, assustado.

– Você perguntou onde fica o hospital e eu estou lhe respondendo.

– Mas eu moro no Rio de Janeiro... Que raios de hospital é esse para onde fui trazido?

Felipe interfere.

– Nicolas, somos um hospital espiritual; você já não está mais entre os encarnados. No acidente que sofreu, você se desligou da Terra, você morreu.

– Morri, como assim? Você está de brincadeira, não é, amigo? Como assim, morri?! Olhe bem, cara, tenho meu corpo, minhas pernas, meus braços, está tudo aqui no mesmo lugar. Não tenho, sequer um arranhão.

– Este é seu corpo fluídico, Nicolas – diz Nina.

– Corpo fluídico, como assim?

– Olha, acho melhor você vir comigo. Levante-se e vamos caminhar um pouco – diz Felipe.

– E eu posso?

– Sim, você já está preparado para saber a verdade.

– Meu Deus! Vocês estão me assustando. Que verdade é essa?

– Calma, Nicolas, venha! – diz Felipe, pegando o rapaz pelo braço e auxiliando-o a levantar-se.

– Posso mesmo me levantar?

– Você está sentindo alguma dor? – pergunta Nina.

– Não, eu não estou sentindo nada.

– Então você pode se levantar e caminhar.

– Sim, eu posso. Eu posso mesmo.

– Então vamos – diz Nina, se afastando.

– Seu Felipe, eu posso ir mesmo?

– Sim, rapaz, venha – diz Felipe, também se afastando.

Confuso, Nicolas senta-se em uma maca que flutua; percebe que o ambiente é muito parecido com o de um hospital, porém algumas coisas são diferentes.

Lentamente Nicolas se põe de pé e começa a caminhar na direção de Felipe e Nina que o aguardam de pé na porta da enfermaria.

Nina sorri com seus lindos dentes brancos. Felipe esboça também um sorriso. Nicolas se sente mais confiante e anda em direção a ambos.

– Venha, Nicolas, vamos até a praça principal.

– Tem praça aqui?

– Sim.

Nicolas fica impressionado com a beleza do lugar. O céu tem um misto de cores, ora azul, ora lilás. As nuvens têm um tom de amarelo muito suave. Há lindos pássaros sobrevoando o lugar, eles são coloridos. Uma linda canção pode ser ouvida por todos, parece o som de harpas, mas na verdade é de um instrumento que ele não consegue reconhecer.

Tudo é organizado e limpo. Nicolas fica chocado. Logo em sua mente vem a cena do acidente e ele percebe que já não está mais vivo para os encarnados. Ele percebe que está vivo sim, mas de outra forma, vivo de outro jeito. Sua mente está confusa. Nina se aproxima e lhe segura as mãos.

– Venha, Nicolas, vamos caminhar.

– Nina é seu nome, não é?

– Sim, me chamo Nina.

– Posso compreender agora que realmente morri. Sinto essa resposta dentro de mim. Parece que morri para alguns, mas estou vivo para mim mesmo. Me sinto morto, mas ao mesmo tempo me sinto vivo. Parece que não morri, parece-me que sou eterno.

– Sim, somos espíritos eternos. Ele nos criou com muito amor.

– Quer dizer que isso aqui é o céu?

– Mais ou menos isso – diz Felipe, se aproximando.

– Como assim, mais ou menos?

– Aqui é a morada de todos nós, daqui partimos para experimentar as provas que nos tornam espíritos melhores.

– Quer dizer que aqui é a origem?

– Mais ou menos – diz Nina.

– Agora vocês me pegaram. Afinal, o que é isso aqui?

– Isso aqui é uma colônia espiritual. Se preferir, cidade espiritual. Todos os espíritos, quando deixam a Terra, passam pelas colônias ou cidades para seu refazimento. Existe ainda um lugar que felizmente você não precisou passar.

– Que lugar é esse?

– O Umbral – diz Nina.

– Já ouvi falar do Umbral quando eu frequentava o centro espírita.

– Pois bem, felizmente você não precisou ir para lá.

– Depois que sair daqui, para onde vou? Vou poder ir para o céu?

– O céu é uma invenção, Nicolas.

– Como assim, invenção?

– Eles ainda não tinham o total conhecimento para que lhes fosse revelado que o céu, na verdade, são cidades espirituais, ou como já disse, colônias.

– É cidade ou colônia?

– Colônia, quando é para tratamento, quando é transitório; e cidade, para onde todos vão residir por um tempo indeterminado.

– Ah, quer dizer que existem dois tipos de moradias aqui?

– Sim – diz Felipe.

– E qual é a diferença?

Os três chegam à grande praça central. Há um obelisco de aproximadamente cem metros de altura. Em sua base há uma placa com os dizeres da fundação:

Esta é a Colônia Espiritual Amor e Caridade, fundada por Jesus, para atender aos pacientes que desencarnam, vítimas de câncer. Aqui, onde todos se assemelham, deveis compreender e auxiliar aos menos esclarecidos, exaltando sempre o nome do Criador.

Glória aos anjos e arcanjos que permitem tanto amor para a evolução dos espíritos amigos que buscam incansavelmente a luz redentora.

Entregue à mentora espiritual em novembro de 1940.

– Nossa, que legal! – diz Nicolas.

– Gostou, Nicolas?

– Sim, Nina, muito legal. E quem é essa tal mentora?

– Uma linda menina que chamamos de Catarina de Alexandria.

– Olha, que legal! Eu já ouvi falar dela.

– Sim, ela é homenageada pelos católicos.

– Sim, ela é Santa Catarina, não é?

– Sim, se preferes que seja assim.

– Como assim?

– Nós não a chamamos de santa, esse título a ela não pertence.

– E como é que vocês a chamam?

– Catarina, ora!

– Estou ficando confuso – diz Nicolas.

– Estamos aqui para lhe auxiliar – diz Felipe.

– Mas vocês ainda não responderam à minha pergunta...

– Qual, Nicolas? Você já fez tantas! – diz Nina.

– Sobre as cidades e colônias, sobre as moradias que existem aqui.

– Eu lhe respondi sim, Nicolas: colônia, quando você precisa de tratamento; e cidade, quando você precisa passar um tempo por aqui.

– Me perdoa, Nina, agora compreendi. Se eu precisar de tratamento, colônia; se eu precisar morar algum tempo, cidade.

– Isso, Nicolas, isso mesmo! – diz Felipe.

– Posso perguntar tudo? Vocês não vão rir de mim?

– Claro que não, Nicolas.

– Olhe, Nicolas, olhe aquele lindo jardim ali. Vamos nos sentar lá?

– Sim, Nina, vamos nos sentar.

Nina, Felipe e Nicolas seguem para a parte onde há vários jardins com flores coloridas que exalam perfume suave. Eles se sentam e começam a admirar a beleza do lugar.

Vários outros espíritos estão caminhando pelo lugar. Alguns estão sentados nos extensos gramados. Alguns conversando, outros em meditação.

– Nina, quem são essas pessoas que estão sentadas? E as que estão caminhando pelas ruas estreitas?

– São trabalhadores da colônia. Eles estão em seu momento de descanso. E não são pessoas, são espíritos assim como nós.

– Perdoe-me a ignorância, Nina.

– Sem problemas.

– Mas como assim, descanso?

– Todos nós precisamos de momentos de descanso. Não é o descanso do corpo, mas sim da mente. Somos bombardeados todos os dias com milhares de informações que nos chegam da Terra e dos planos superiores, daí a necessidade de reflexão e descanso.

– Quer dizer que esses momentos são para assimilar tudo o que acontece aqui?

– Isso mesmo, Nicolas, vejo que você aprende rápido – diz Felipe.

– Já que estou morto, gostaria de me encontrar com o grande amor da minha vida.

– Como ela se chama?

– Isabela! Isabela é o nome dela. Ela morreu quando tínhamos dezenove anos. Ela teve um tumor na cabeça que lhe tirou a vida.

– Nicolas, eu e Felipe fomos encarregados de lhe mostrar algumas coisas relativas à sua última encarnação. Acredito que em algum momento dessa viagem que faremos juntos, Isabela nos será revelada.

– Ela não está aqui?

– Acho que não – diz Felipe.

– E onde é que ela está, Felipe?

– Não sabemos... ainda!

– O que é então que vim fazer aqui?

– Nicolas, você veio para cá porque estava destinado a vir para esta colônia. Todos nós somos os únicos responsáveis por nossa existência. Ninguém é responsável por você. Tudo aquilo que praticas nas existências físicas reflete na sua existência espiritual.

– Essa parte eu não entendi. Você pode me explicar melhor?

Marques, um dos operários de Amor e Caridade, aproxima-se do grupo.

– Olha, Felipe, o Marques vem vindo.

Magro, alto, de cabelos lisos e sorriso farto, se aproxima do grupo um dos auxiliares da colônia, de nome Marques.

– Oi, gente!

– Oi, Marques! – diz Nina, que se levanta e lhe beija a face.

– Oi, Felipe!

– Oi, Marques!

– Quem é este rapaz?

– Esse é o Nicolas.

– Olá, Nicolas, seja bem-vindo à nossa colônia. Ah, você é o Nicolas? Hum. Seja bem-vindo!

– Obrigado, senhor!

– Ah, não me chame de senhor; me chame de Marques.

– Desculpe, Marques!

– De nada, rapaz!

– Como está o Daniel, Marques?

– Está bem, Nina; ele está bem!

– Dê-lhe um forte abraço em nosso nome – diz Felipe.

– Sim, estou indo agora mesmo me encontrar com ele, que acabou de chegar de uma reunião que houve na Colônia do Moscoso.

– Que bom, espero que tudo esteja bem!

– Sempre está tudo bem por aqui, Nina.

– É, eu sei.

– Bom, minha gente, tenho que ir. Quando tiverem um tempinho, apareçam.

– Pode deixar, Marques, assim que der, vamos aparecer – diz Nina.

– Tchau, gente!

– Tchau, Marques – diz Felipe.

– Bonito esse Marques – diz Nicolas.

– Ele é o secretário do presidente da colônia.

– Caramba! Ele então é um espírito importante.

– É ele quem auxilia nosso presidente, organizando sua agenda e tarefas – diz Felipe.

– Então aqui também existe patrão?

– Não, Nicolas, não. Todos nós somos espíritos voluntários – diz Nina.

– E vocês não recebem nada pelo trabalho?

– Mais ou menos.

– O que quer dizer mais ou menos?

– O salário é bônus-hora – diz Felipe.

– Que raios é esse tal de bônus-hora?

– Quanto mais você auxilia, mais horas evolutivas você ganha.

– Horas evolutivas... O que é isso?

– Luz espiritual. Grandeza espiritual, sabedoria e autoconhecimento.

– Quer dizer que o salário é algo que faz você melhor?

– Sim, é isso. Algo que torna você um ser melhor.

– Posso explicar melhor, Felipe?

– Sim, Nina, claro que sim.

– Nicolas, o salário que recebemos aqui é, na verdade, o alívio das provas que necessitamos para nos tornarmos espíritos superiores. Tudo aqui é mérito. Tudo aqui é evolução. Todos os espíritos estão destinados à evolução. O bônus-hora nos auxilia a evoluir mais rapidamente. É só isso.

– E como isso é pago?

– Para cada hora trabalhada a serviço do bem e do próximo, uma hora evolutiva lhe é acrescentada na escalada evolutiva.

– Quer dizer que quanto mais bem eu fizer, melhor será a minha condição espiritual?

– Exatamente isso! – diz Felipe.

– Então é por isso que devemos sempre fazer o bem sem olhar a quem?

– Isso mesmo, Nicolas, fazer o bem sem olhar a quem.

– Na minha igreja temos vários projetos para ajudar pessoas carentes.

– Isso é bom, Nicolas, mas não é o suficiente.

– Como assim, Nina?

– Se você ajudar pessoas e não ajudar a si mesmo, sua caridade é inútil. Todos precisam promover uma reforma interior. Muitos dos que fazem caridade fazem para aparecer. Fazem para destacar-se perante os outros. Isso definitivamente não ajuda a ninguém.

– Entendi, Nina, agora posso compreender melhor.

– Não adianta você ser caridoso se a caridade não estiver dentro de seu coração. Fazer caridade por *status* não serve a ninguém.

– Verdade, Nina!

– Você está bem, Nicolas?

– Estou me sentindo muito cansado.

– Felipe, leve o Nicolas para a enfermaria, dê-lhe um copo com água e coloque-o para descansar, por favor – diz Nina.

– Por que será que estou me sentindo assim, Nina?

– É normal para os recém-chegados.

– Um bom descanso lhe fará bem, Nicolas – diz Felipe levantando-se.

– Vá, Nicolas, vá com o Felipe e descanse; assim que você acordar, me procure para continuarmos nossa conversa.

– Vou sim, obrigado, Nina!

Felipe leva Nicolas para a enfermaria e logo o jovem rapaz está dormindo novamente.

Passadas algumas horas, Felipe procura por Nina para conversar.

– Nina, o Nicolas já está descansando.

– Que bom, Felipe!

– Eu vou à Colônia das Flores, preciso falar com o Estevam; assim que chegar de lá, lhe procuro para darmos continuidade ao tratamento de Nicolas.

– Está bem, Felipe.

– Até já, Nina!

– Até já, meu amor!

“Mas ajuntai para vós outros tesouros no céu, onde a traça nem a ferrugem podem destruir, e onde os ladrões não arrombam e roubam. Porque, onde estiver o teu tesouro, aí também estará o teu coração.”

Mateus, 6:20-21

As escolhas

Nina está em sua sala onde despacha com as demais auxiliares. Ela é a coordenadora da ala das crianças. Muitas chegam a Amor e Caridade ainda doentes; as radioterapias e quimioterapias causam lesões no perispírito que precisam ser refeitas para que o espírito em sua forma correta siga em frente.

Nina está em reunião com as doutoras Sheila e Patrícia, médicas voluntárias, que trabalham no hospital.

Soraya entra lentamente na sala e pede um segundo a Nina.

– Sim, Soraya, o que houve?

– Perdoe-me incomodá-las, mas aquele recém-chegado acabou de acordar e me parece muito nervoso.

– Quem, o Nicolas?

– Sim, ele mesmo. Pediu-me para lhe chamar urgentemente.

– Soraya, me faça um favor: peça ao Nicolas para ir à praça onde nos encontramos da última vez e aguardar lá, por favor!

– Pode deixar, Nina, eu falo com ele.

– Por favor, Soraya, encontre o Felipe e diga a ele que eu e o Nicolas estaremos esperando por ele nos jardins da praça.

– Pode deixar, Nina, vou falar com ele também.

– Desculpem-me, doutoras, mas o Nicolas é um recém-chegado e requer a atenção necessária.

– Sem problemas – diz Sheila.

Após terminar a reunião, Nina se dirige ao local combinado. E lá estão Felipe e Nicolas, sentados em um banco, conversando à sombra de uma linda árvore com folhas amarelas.

– Olá, meninos!

– Oi, Nina! – diz Nicolas, feliz.

– Que bom que você está mais calmo, Nicolas!

– O Felipe me acalmou.

– Que bom, Felipe!

– Obrigado, Nina.

– Mas o que é que lhe aflige, Nicolas?

– Desculpe-me, Nina, mas ainda estou muito confuso.

– Conte-me o que está havendo.

– Eu já tomei consciência de que morri.

– Olha, isso é bom! – diz Nina.

– Mas estou muito triste. Sinto saudades da minha família. Sinto falta de minha mãe e dos meus irmãos. Será que eu posso visitá-los? Onde está Isabela?

– Nicolas, somos a soma de nossas atitudes e de nossas escolhas. As decisões que tomamos no nosso dia a dia são, na verdade, o que nos molda para este momento aqui na colônia, e principalmente o que define nossa próxima existência. É por meio daquilo que praticamos que moldamos a nossa vida futura. Você foi trazido para cá, porque foi daqui que você saiu para viver essa experiência.

– Eu sou daqui?

– Sim, você é parte de nossa equipe, ou melhor dizendo: você é parte de Amor e Caridade.

– Mas eu não me lembro de nada. Só me lembro daquele caminhão vindo em minha direção e batendo fortemente contra o meu carro. Ele estava todo apagado, eu não tive culpa.

– Tudo estava preparado para seu retorno para cá. Nós, eu e Felipe, estávamos ao seu lado na hora do acidente.

– Vocês estavam lá?

– Sim, desde o culto na igreja, nós acompanhamos tudo – diz Felipe.

– Caramba, que legal!

– Meus pais estão bem, Nina?

– Já se passaram quatro meses de seu desencarne.

– Isso tudo?!

– Sim, quatro meses!

– Mas parece que foi ontem...

– O tempo aqui é diferente, Nicolas.

– Como assim?

– O tempo não existe no mundo espiritual, não da forma que você está acostumado. Somos espíritos eternos, e sendo assim não precisamos contar os anos.

– Verdade! – diz o rapaz.

– Além de tudo, o tempo é um dos instrumentos usados para marcar a existência. Daí podemos concluir que um espírito muito evoluído é aquele que soube aproveitar bem as oportunidades evolutivas.

– Você é antiga, Nina!

– Se for contar o tempo da Terra, tenho mais ou menos três mil e quinhentos anos!

– Caramba! E você, Felipe?

– A mesma idade de Nina.

– Vocês são marido e mulher?

– Não temos esses rótulos aqui. Eu e Felipe estamos ligados por sentimentos profundos que nos uniram muito tempo atrás, e desde então estamos nos auxiliando na evolução.

– Puxa, que lindo isso, Nina! Parabéns, Felipe!

– Obrigado, Nicolas.

– Será que eu e Isabela somos assim também? Onde ela está, Nina?

– Deixe-me lhe explicar uma coisa:

– Diga – diz o rapaz, curioso.

– Deus, em Sua infinita bondade, não permite que nada seja escondido de Seus filhos. Todos que chegam aqui e nas demais colônias de refazimento são levados a conhecer seu passado. Visitam suas vidas anteriores e relembram suas falhas. É quando podemos também mostrar as coisas boas que o espírito em prova fez para melhorar-se.

– Como assim, Nina?

– Agora, eu e Felipe vamos lhe mostrar situações, fatos, atos e atitudes que muito lhe auxiliaram a chegar aonde você está. Vamos mostrar também as oportunidades que lhe foram apresentadas e que você, por algum motivo, as deixou de lado.

– É como um filme?

– Sim, algumas vezes vamos lhe mostrar como se fosse um filme; em outras, levaremos você para que possa assistir bem de perto tudo o que aconteceu.

– Gente, isso é maravilhoso! – diz Nicolas.

– Nicolas, Ele é maravilhoso, bondoso, amoroso e nos ama profundamente. É chegado o momento de revelarmos algumas coisas aqui do mundo espiritual para aqueles que estão lendo esta sua linda história.

– Será que é linda mesmo, Nina?

– Vamos ver?

– Quando?

– Agora, agora mesmo.

– Meu Deus, deixe-me preparar meu coração.

– Você já está no ponto, rapaz! – diz Felipe.

Nina faz um gesto com as mãos, e uma tela abre-se à frente deles. É uma tela fluídica exibindo a mãe de Nicolas sentada no sofá da sala lendo um pequeno papel.

– Meu Deus, estou grávida de novo?! O Paulo vai me matar.

Suada e cansada dos afazeres domésticos, Magda sente-se triste com a notícia de sua gravidez. Os tempos são difíceis para ela e Paulo. Marcele, a mais velha, tem muitos problemas de saúde, e o custo mensal da menina extrapola sempre o pequeno orçamento familiar.

– Vou conversar com Paulo e arrumar um emprego para ajudar nas despesas da família. O Paulo não vai aguentar mais um filho. Meu Deus, me ajude!

Nicolas começa a chorar.

– Não chore, Nicolas, ela não fez isso por querer. Na verdade, a situação de seu pai e sua mãe era muito complicada. Seu pai era operário na fábrica de tecidos, e as coisas não iam muito bem por lá. As horas extras, que lhes proporcionavam certo conforto financeiro, foram canceladas. E o pequeno salário do seu pai mal dava para pagar o aluguel. Paulo se virava como podia, nos fins de semana trabalhava como garçom para reforçar as finanças.

– Coitado do meu pai! Deve ser por isso que nunca nos demos muito bem. Ele sempre me rejeitou. Acho que ele me odeia.

– Talvez – diz Nina. – Sua mãe tentava ajudar como podia, ela lavava roupa para fora. O dinheiro era pouco, mas ajudava na compra dos remédios de Marcele.

– Por que tanto sofrimento?

– Tenha calma, Nicolas, estamos no começo desta sua última encarnação – diz Felipe.

– Olhe agora, Nicolas. Preste atenção – diz Nina.

Paulo chega cansado do trabalho. Entra na sala, retira os sapatos e senta-se no sofá. Magda aproxima-se e traz nas mãos um copo de água gelada.

– Oi, meu amor!

– Oi, querida!

– Como foi seu dia?

– Como sempre, querida; parece-me que a fábrica não vai durar muito tempo. Hoje mesmo mandaram vinte funcionários embora.

– Meu Deus! Algum conhecido nosso?

– Só o Jonas.

– Meu Pai! Coitado do Jonas, como será que ele e a Marta vão se virar agora? E as crianças?

– É, querida, são tempos difíceis. Onde está a Marcele? Como ela está?

– Está dormindo, está bem. Os remédios estão fazendo efeito.

– Mas ela já está dormindo?!

– Sim, ela ainda está debilitada, mas logo tudo ficará bem.

Paulo sente que há alguma coisa no ar.

– Querida, você está bem mesmo?

– Sim, querido, por que a pergunta?

– Conheço bem você, Magda; tem alguma coisa acontecendo. A dona Olga pagou pela lavagem das roupas?

– Sim, querido, ela pagou. Peguei o dinheiro e guardei para inteirar para a conta de luz.

– Fez muito bem, querida. Neste fim de semana não vai ter evento no clube, então não vou poder trabalhar de garçom, ou seja, nada de dinheiro.

– Tenha calma, tudo vai se ajeitar.

– Querida, o mais importante para mim é o nosso amor. Ele sim, não pode acabar.

– Se depender de mim isso nunca vai acontecer.

– Te amo, Magda!

Magda abraça Paulo, e em silêncio respira fundo. Paulo sente que há algo que ela precisa falar.

– Magda, conheço você bem, meu amor, o que houve?

– Você jura que não vai brigar comigo?

– O que houve, meu amor, diga!

– Eu estou grávida.

Paulo abaixa a cabeça, passa as mãos sobre os longos cabelos e diz:

– Que venha com saúde!

– Você não vai brigar comigo?!

– Se Deus mandou é porque estamos preparados para criar. E Ele vai prover o necessário para o bem desta criança.

Magda dá um forte abraço em Paulo, que mal consegue respirar.

– É por isso que te amo profundamente. Você é um homem de caráter, um verdadeiro homem. E Deus há de lhe dar um filho homem como você sempre sonhou, e esse filho lhe dará muita alegria.

– Que Deus te ouça, meu amor!

Nicolas é só lágrimas. Nina interrompe as imagens.

– Nicolas, você está bem?

– Sim, Nina, só estou muito arrependido e emocionado.

– Arrependido de que?

– Sempre achei que meu pai me odiava. Fiz de tudo para contrariá-lo. Não fui um bom filho. Julguei meu pai e sempre o maltratei.

– Tenha calma, Nicolas – diz Felipe.

– Posso caminhar um pouco sozinho, Nina?

– Claro, Nicolas! Nós estaremos aqui esperando por você.

– Obrigado.

Nicolas levanta-se, toca na mão de Felipe e sai caminhando. Uma dor profunda invade seu peito. Seu arrependimento é visível a todos os espíritos que estão sentados nos extensos gramados, e todos respeitam a sua dor.

Cabisbaixo, Nicolas caminha entre gigantescas árvores com folhas de cores variadas. O chão está coberto de folhas secas coloridas. Nicolas arrasta o pé, revirando as folhas em seu caminho.

– Deus, meu Deus! Por que fiz isso com meu pai? Por que, Senhor? Por que julguei alguém que eu mal conhecia? Por que não fui um bom filho? Pai, perdoa-me! Perdoa-me por tudo, meu querido e amado Pai!

Nicolas senta-se, e encostado a uma dessas árvores, começa a chorar lágrimas de arrependimento e tristeza. Ele lamenta tudo o que fez a Paulo.

Felipe se aproxima.

– Posso falar com você, Nicolas?

– Sim, Felipe – diz o rapaz enxugando as lágrimas com as mãos.

– Posso me sentar ao seu lado?

– Sim, meu amigo, perdoe-me!

Felipe senta-se ao lado de Nicolas, pega uma folha de cor laranja e começa e picá-la em pequenos pedaços.

– Você está pensativo, Felipe.

– Na verdade, não quero deixar você sozinho.

– Eu estou bem, meu amigo – diz Nicolas.

– Sei que é difícil reviver os momentos que marcaram sua última encarnação, mas todos os espíritos, depois que deixam o corpo físico, precisam passar por suas lembranças. É por meio dessa experiência que você poderá seguir adiante aqui. Deus é justo, nada esconde de Seus filhos. Quando cheguei aqui, fui levado para a câmara das lembranças, e tenha certeza do que vou lhe dizer agora: lá é muito pior. Eu e Nina tivemos permissão para sermos seus condutores nas lembranças. Todo mundo, quando chega aqui, é convidado a observar tudo o que fez. E é por meio de tudo que fez de bom ou de ruim que você poderá escolher seguir ou voltar.

– Como assim, seguir ou voltar?

– A encarnação na Terra serve para repararmos nossos erros do passado. Só evoluímos quando nos desprendemos de todos os sentimentos ruins, quando aprendemos a amar de verdade. O ódio, a avareza, a vingança, a inveja, a ganância, a luxúria, a preguiça, a soberba, enfim, todos aqueles sentimentos ruins que todos nós temos a oportunidade de experimentar, são, na verdade, experiências que moldam nosso espírito para uma vida de alegria e evolução aqui no mundo espiritual.

– Entendi, Felipe. E seguir? O que significa?

– Quando atingimos determinado grau de evolução somos convidados a seguir para outros planos, outras dimensões, outras galáxias e experimentar outras formas de vida.

– Como assim?

– Você acha mesmo que o Criador criou só isso que seus olhos são capazes de ver agora?

– Não, imagino que possa haver outros lugares, outras cidades; sei lá, outros mundos.

– Nicolas, não há outros mundos. Há milhares, ou melhor dizendo, milhões de mundos. Milhões de formas, bilhões de galáxias habitadas.

São mundos divinos, onde vivem os espíritos que alcançaram a perfeição.

– O que é a perfeição, Felipe?

– O amor em sua plenitude.

– Será que algum dia vou conseguir o amor pleno?

– Todos nós iremos alcançar os mundos sublimes. E lá poderemos compreender melhor quem é Deus.

– Nossa que legal, Felipe!

– Que bom que você está otimista! Você está melhor agora?

– Sim, estou.

– Não está mais aborrecido?

– Não estou aborrecido com isso, só estou arrependido, muito arrependido. Só isso!

– Todos se arrependem quando chegam aqui.

– Imagino que sim. Quantas oportunidades jogamos fora durante nossa encarnação!

– Verdade, Nicolas. Isso é verdade – diz Felipe.

– Sempre achei que meu pai me odiava, e agora vejo que errei, errei muito com ele. Quero pedir-lhe perdão.

– Ainda há muita coisa para lhe mostrarmos, Nicolas.

– Se você e Nina não se importarem, podemos fazer isso amanhã?

– Sim, sem problemas. Vou falar com ela.

– Faça-me esse favor, amigo. Estou triste e preciso receber o perdão de meu pai.

– Ele vai lhe perdoar, aliás, ele já lhe perdoou.

– Vou ficar mais um pouco aqui. Você se incomoda?

– Claro que não! Vou conversar com a Nina e amanhã nos encontraremos novamente.

– Obrigado por sua compreensão, Felipe!

– De nada, amigo!

Após algum tempo, Felipe se levanta e vai ao encontro de Nina.

Nicolas fica ali sentado. Ao perceber que Felipe havia se afastado, começa a chorar, e chora compulsivamente, arrependido do amor que poderia ter dado a Paulo, seu pai.

"A dor do arrependimento é acionada quando passamos a compreender os desígnios de Deus."

Osmar Barbosa

De volta ao lar

Nicolas encontra-se com Felipe, que caminha em direção à enfermaria da colônia.

– Felipe, Felipe! – grita Nicolas.

Com um gesto de mão, Felipe atende ao chamado do jovem e se aproxima dele.

– Bom dia, Nicolas!

– Bom dia, Felipe, perdoe-me por ontem.

– Já estamos acostumados com isso; fique tranquilo, Nicolas.

– É que, na verdade, fiquei muito envergonhado com a Nina. Que sentimento ruim eu trazia dentro de mim por tantos anos!

– Normalmente, quando chegam aqui e encontram a sua realidade, os espíritos costumam se esconder por alguns dias, envergonhados da vida que levavam.

– Foi exatamente isso que senti, Felipe, vergonha.

– É normal isso por aqui.

– Será que podemos continuar com as minhas lembranças?

– Sim, vamos até a Nina.

– Sim, vamos – diz Nicolas, afoito.

Marques está vindo em direção aos dois.

– Bom dia, Marques!

– Bom dia, caro Felipe. Olá Nicolas, como vai?

– Estou bem, senhor Marques, estou bem.

– Não me chame de senhor, por favor, rapaz!

– Desculpe-me senhor! Quer dizer, Marques.

Risos...

– Até breve, Marques – diz Felipe caminhando.

Marques se distancia acenando para Felipe e Nicolas.

Após caminharem, Felipe chega à enfermaria onde Nina brinca com algumas crianças.

– Entre, Felipe, sejam bem-vindos! Olhem, crianças, o tio Felipe chegou trazendo o novo amigo, o tio Nicolas.

As crianças fazem uma festa ao vê-los.

– São lindas essas crianças, Nina – diz Nicolas.

– Obrigada, Nicolas.

– Como elas vieram parar aqui? – pergunta Nicolas, baixinho.

– Elas desencarnaram, vítimas de câncer, e precisam passar por nosso hospital para seguirem adiante.

– Mas elas não sentem falta de seus pais?

– Sentem, sim.

– Mas elas estão tão felizes, Nina... Qual é a receita?

– Amor, Nicolas, amor.

– Temos aqui uma tevê que mostra as mães delas todos os dias, por isso não sentem tanta saudade. Elas são conscientizadas de que já não pertencem mais à vida terrena. Todas sabem que morreram e que estão aqui para serem curadas definitivamente de suas doenças – diz Felipe.

– Mas elas aceitam isso numa boa?

– Elas são crianças, Nicolas – diz Nina.

– Tinha me esquecido disso. Mas me perdoe pela pergunta idiota.

– Pode perguntar, rapaz – diz Felipe.

– Eu achava que quando morrem, as crianças acordam adultas no céu.

Risos.

– E onde estaria a justiça divina se fosse assim? Crianças são crianças e precisam ser tratadas como crianças. Nós tratamos as feridas causadas pelas quimioterapias e radioterapias, que lesam o perispírito. Depois, elas são levadas para as colônias, onde crescem, na verdade em uma velocidade diferente da vida na Terra, já que, como você sabe, o tempo aqui é diferente do tempo de lá. Assim, rapidamente se tornam adultas e seguem seus destinos em outras colônias. Nossa função é só reparar o que os tratamentos fizeram.

– Puxa, Nina, que lindo! Parabéns!

– Obrigada, Nicolas.

– Mas Nina, você não acaba se envolvendo emocionalmente com essas crianças?

– Nós, de Amor e Caridade, estamos envolvidos emocionalmente com todos os espíritos criados por Deus. Muito envolvidos, por sinal!

– Vocês conseguem amar a todos?

– Não foi isso que nosso querido irmão Jesus pediu?

– Sim, Nina. Perdoe-me.

– Quando se consegue amar com discrição e sem apego e egoísmo, consegue-se viver intensamente o amor de Deus.

– Obrigado, Nina – diz Nicolas, envergonhado.

– Mas me diga, Nicolas, por que veio me procurar?

– Primeiramente, gostaria de lhe pedir desculpas por ontem; na verdade, como já disse ao Felipe, fiquei muito envergonhado por carregar dentro do peito um sentimento tão negativo em relação a meu pai.

– Já estamos acostumados a isso, Nicolas.

– É, o Felipe me falou. Eu queria continuar com as minhas lembranças.

– Faça assim: tenho uma reunião com Daniel agora. Leve o Nicolas até o gabinete de Daniel, Felipe, que me encontrarei com vocês por lá, pode ser?

– Sim. Vamos, Nicolas, venha conhecer nosso presidente.

– Eu vou conhecer o presidente?

– Sim, Daniel é o nosso diretor; é ele quem preside a Colônia Espiritual Amor e Caridade.

– Nossa, vou poder falar com ele?

– Sim, claro que sim! Aqui somos todos iguais. Embora o Daniel presida a colônia, ele é muito simples e é nosso melhor amigo.

– Que coisa boa! – diz Nicolas.

– Venha, vamos! – diz Felipe.

Felipe e Nicolas se dirigem à antessala onde Marques recebe todas as pessoas que precisam falar com Daniel. E após caminharem por alguns minutos, eles finalmente chegam ao maior galpão da colônia, o galpão da administração. E são recebidos por Marques.

– Olá, Marques!

– Oi, Felipe! Vejo que trouxe o Nicolas para conhecer Daniel.

– Sim, a Nina tem uma reunião com Daniel e nos convidou para o encontro.

– Daniel ficará muito feliz – diz Marques.

– Nós é que agradecemos a oportunidade, Marques.

– Sentem-se, vou avisar que vocês chegaram – diz Marques levantando-se.

– Seria legal se tivesse um interfone, ou um telefone daqui para lá, daí o Marques avisaria que chegamos.

– Telefone e interfone são coisas da vida na Terra, Nicolas. Aqui não usamos equipamentos eletrônicos.

– Desculpa, eu só estava querendo ajudar.

– Sem problemas. Aqui usamos a mente para nos comunicarmos.

– Como assim?!

– Você envia a mensagem por meio do pensamento para mim, e ao receber, respondo da mesma forma.

– Não acredito!!!

– Quer ver?

– Sim, claro que quero ver!

– Preste atenção: vou dizer ao Marques, por pensamento, que a Nina vai se atrasar.

– *Ok,* quero ver.

– Pronto, já falei com ele.

– Como vou saber se é verdade?

– Espere e verá.

Alguns minutos depois Marques sai da sala de Daniel.

– Eu avisei a ele, Felipe, que a Nina vai se atrasar.

Nicolas fica de queixo caído.

Felipe ri.

– Caramba, como você conseguiu fazer isso?

– Essa é uma das milhares de virtudes do espírito, somos os seres mais perfeitos da criação. Estamos, na verdade, embrutecidos pelas experiências negativas que precisamos passar para nos tornarmos perfeitos, já lhe falei sobre isso.

– Sim, que legal! Quer dizer que vou poder me comunicar assim?

– Todos aqui e nas colônias se comunicam assim.

– Então por que o Marques não pensou para o Daniel?

– Marques é um caso à parte, um dia você vai poder compreendê-lo melhor.

– Ele é complicado, é isso?

– Não, ele é cheio de manias, só isso.

– Aqui nós podemos manter nossas manias?

– Se você desejar, sim; lembre-se sempre disso: você é um espírito livre. Tudo você pode, nada lhe é negado.

– Tudo?!

– Sim, tudo.

– Caramba, como é bom saber de tudo isso!

– Olhe, a Nina vem chegando.

Todos ficam de pé.

– Oi, Nina! – diz Marques.

– Oi, Marques. O Daniel já está à minha espera?

– Sim, pode entrar.

– Obrigada, Marques!

Nina, Nicolas e Felipe adentram no lindo gabinete onde Daniel despacha diariamente.

A sala é muito grande, cortinas descem do teto até o chão. A mesa de Daniel tem uns cinco metros de comprimento, atrás de sua confortável cadeira branca há uma tela como de cinema. Plantas com flores lilás enfeitam o ambiente. Uma pequena mesa amarela fica no canto da sala, e sobre ela repousa um jarro com água cristalina. Ao fundo pode-se ver uma pequena capela sem imagens, mas que recebe uma luz violeta que desce do alto como um feixe de luz. Há um lugar para se ajoelhar e rezar.

Daniel está de pé e sorridente.

– Olá, querido Daniel! – diz Nina estendendo-lhe as mãos.

Carinhosamente Daniel as toma entre as suas e as beija.

Daniel é de estatura mediana e pele clara; uma barba rala lhe emoldura o rosto angelical. Vestido de roupa franciscana de cor marrom, traz uma corda dourada presa à cintura e calça sandálias feitas de couro.

– Vejo que me trouxeram uma visita ilustre.

– Este é o Nicolas, Daniel.

– Seja bem-vindo, Nicolas! – diz Daniel lhe estendendo as mãos.

Envergonhado, o rapaz toma as mãos de Daniel e as beija. Daniel retribui o gesto.

– Olá, Felipe!

– Olá, Daniel!

– Sentem-se! – convida Daniel.

Todos se sentam nas confortáveis cadeiras brancas.

– Então, Daniel, a questão da Soraya já está resolvida?

– Sim, Nina. Foi permitido à Soraya permanecer aqui por mais algum tempo.

– Ah, que bom! Ela me ajuda tanto com as crianças!

– Este foi o argumento que usei.

– Quando terminar nossa reunião e eu sair daqui, vou correndo dar essa notícia a ela – diz Nina, feliz.

– Faça isso, Nina. Soraya tem se superado. A cada dia que passa mais ela evolui, e isso é bom!

– Sim, Daniel, ela conseguiu vencer todos os obstáculos evolutivos necessários à permanência dela em nossa colônia.

– Nossa, ela vai ficar superfeliz – diz Felipe.

– É verdade, Felipe – diz Daniel.

– E você, rapaz, como está? Está se adaptando bem à nossa colônia?

– Eu, senhor Daniel? – diz Nicolas.

– Sim, você mesmo, meu rapaz. E olha, não me chame de senhor!

– Caramba, não dou uma dentro – diz Nicolas baixinho para Felipe.

Todos riem.

– Perdoe-me, Daniel, mas é assim que se demonstra respeito lá na Terra.

– Sabemos disso, Nicolas, mas aqui essas coisas são dispensadas. Aqui, nós nos conhecemos pelas atitudes e pensamentos.

– Compreendo, Daniel.

– Você está querendo rever sua família?

– Sim, foi isso que pedi ao Felipe hoje, mas agora tenho que vigiar meus pensamentos.

– Por que, rapaz?

– Vocês leem os pensamentos da gente.

Todos riem novamente e Nicolas se sente envergonhado.

– Quem lhe disse que ficamos por aí lendo os pensamentos dos outros, Nicolas? – diz Nina.

– Ué, o Felipe mandou uma mensagem por pensamento para o Marques e ele respondeu.

Todos riem novamente.

– Nicolas, comunicações telepáticas são comunicações telepáticas; para que ocorram é necessário que as duas mentes estejam conectadas, ou seja, uma tem que permitir que a outra se comunique.

– Como assim, Nina?

– Eu comando um pensamento para você, e você recebe ou não este pensamento. É assim que funciona.

– Caramba, o negócio é muito mais tecnológico do que imagino!

Todos riem.

– Você é muito engraçado, Nicolas – diz Felipe.

– Eu achei fenomenal – diz o rapaz.

– Deus é fenomenal, Nicolas, Deus... – diz Daniel.

– Como é que faço para usar essa comunicação?

– Você precisa passar um bom tempo aqui no mundo espiritual para desenvolver essa virtude.

– Isso é uma virtude?

– Sim, é uma virtude dos bons espíritos.

– Ah, entendi... Então quanto mais evoluído eu fico, mais virtudes vou tendo?

– Isso, garoto! Quanto mais você evolui, mais coisas lhe são acrescentadas.

– O que mais me poderá ser acrescentado?

– Volitar, por exemplo.

– O que é volitar?

– É a capacidade que nos é acrescentada de nos transportarmos a diversos lugares.

– É como voar?

– Sim, é como voar.

– Quer dizer que, além de me comunicar telepaticamente com outros espíritos, vou poder voar até eles?

– Até o infinito, Nicolas – diz Daniel.

– Meu Deus, como Tu és maravilhoso! – diz o rapaz.

– Vamos visitar sua família, Nicolas?

– Eu posso?

– Sim – diz Daniel.

– Preciso preparar meu coração – diz Nicolas.

– Nós estaremos ao seu lado, vamos?

– Sim, vamos.

Daniel se levanta e convida todos a seguir com ele até a sala de orações. Em um círculo, de mãos dadas, o mentor espiritual profere uma prece:

Deus de infinita bondade, permita-nos visitar o lar de Nicolas, permita que nossa viagem seja serena e que todos os objetivos deste encontro se realizem. Jesus, querido irmão de amor e bondade, sejais o nosso condutor.

Que assim seja! – dizem todos.

É domingo. Magda, como de hábito, preparou o almoço da família. Estão sentados à mesa, Paulo; Pedro, esposo de Marcele; Lucas, Marcele, que segura ao colo o menino recém-nascido de nome Matheus; e Regina, a irmã mais nova de Nicolas.

Nicolas chega à sala ladeado por Nina, Felipe e Daniel; ele se aproxima de sua mãe, Magda.

– Mãezinha querida, que saudade de você! Perdoa-me, mãe, por ter ido embora sem me despedir de você. Ah, mãe, eu te amo tanto! Como é bom poder estar aqui e te abraçar!

Nicolas se aproxima de Magda, e chorando abraça a mãe.

As lágrimas enchem-lhe os olhos, e agora ele chora compulsivamente.

– Que saudade de vocês! Gente, me perdoa por tudo. Pai, me perdoa!

Nicolas desaba em choro abraçando seu pai.

Regina percebe a presença de espíritos amigos e fica calada.

Magda, ao ver que Regina não está bem, comenta:

– Regina, está tudo bem?

Lágrimas descem dos olhos da menina.

– Sinto saudades de Nicolas, mãe.

– Eu também, minha filha – diz Magda, segurando a mão da filha.

Paulo percebe a tristeza e interfere na conversa.

– Deixa de bobagens, Regina, sabemos que o Nicolas está bem; já recebemos informações de que ele está sendo tratado em uma colônia espiritual. Um dia todos nós estaremos juntos.

– Eu sei, papai, a saudade do meu maninho é que me sufoca.

– Não fique assim, filha – diz Magda.

– Você tem colocado o nome dele no livro de oração do centro, mamãe?

– Toda semana oramos pelo seu irmão, querida.

– Que bom, mamãe!

Nicolas está ajoelhado ao lado de seus pais e chora muito.

Nina se aproxima, ajoelha-se ao lado de Nicolas e o abraça.

– Não fique assim, Nicolas – diz Nina.

– Oh, Nina! Se eu soubesse que tudo seria assim, teria aproveitado mais essa família. Teria dito todos os dias à minha mãe e ao meu pai o quanto os amo. Olha a Regina, minha querida irmã, como sofre por minha ausência.

– É, Nicolas, se todos acreditassem nisso que você vê agora, tudo seria mais fácil, o amor estaria presente em todos os lares e não haveria tanta violência, tanta desigualdade, tanto sofrimento.

– Por que Nina, por que tudo é assim?

– É assim, porque todos precisam das provas para superar os sentimentos que definitivamente não entram no mundo espiritual. Todos precisam passar por isso para se tornarem melhores.

– Sabe, Nina, sou recém-chegado ao mundo espiritual, tenho que aprender muita coisa ainda, mas uma coisa já aprendi.

– O que, meu amigo? – pergunta Felipe, aproximando-se.

Daniel assiste a tudo, calado.

– Só transformando meu coração conseguirei seguir, aprendendo, auxiliando e evoluindo.

– É isso mesmo, Nicolas; tudo está em seu coração. Exercite-o e tudo dará certo.

– Olha, Nina, minha irmã já teve neném.

– Sim, e é um lindo menino. O nome dele é Matheus.

– Nina, que manchinha é essa na cabeça dele?

– Onde?

– Ali, olha. Não é na pele, parece ser no espírito.

– Sim, é uma doença que está se instalando no menino.

– Nina, ajuda minha irmã, tira a doença do meu sobrinho, por favor!

– Nicolas, tudo o que nós, espíritos, fazemos depende de uma permissão. Nenhum espírito pode interpor aos desígnios da encarnação. Todos nós temos o livre-arbítrio. Se for da escolha de Matheus passar por essa prova, dificilmente poderemos ajudar.

– Quer dizer que não podemos curar meu sobrinho?

– Não é isso, precisamos investigar os motivos dessa doença e a partir daí poderemos ou não agir.

– Entendi: justiça divina!

– Você é um grande aprendiz, Nicolas – diz Daniel, quebrando o silêncio.

– Quer dizer que a doença, primeiro aparece no corpo fluídico para depois se instalar no corpo físico?

– Na maioria das vezes sim, Nicolas.

– Será que poderemos ajudar?

– Daniel vai cuidar disso, não é, Daniel? – diz Nina.

– Sim, Nina, vamos ver o que podemos fazer.

– Podemos voltar, Nicolas?

– Sim, Felipe. Vamos embora.

– Beije e abrace seus familiares, que já iremos partir.

Nicolas abraça um a um. Demora mais com o seu pai. Nicolas pede perdão.

Todos voltam à Colônia Amor e Caridade e Nicolas tira o resto do dia para reflexão e meditação na capela da colônia.

“Quando estamos na vida espiritual, a grandeza de Deus se faz presente. Muitas das coisas nos são acrescentadas.”

Osmar Barbosa

À procura de Isabela

Nicolas é acordado por Felipe.

– Bom dia, Nicolas!

– Oi, bom dia, Felipe!

– Você ainda precisa dormir, rapaz?

– Estou triste, Felipe.

– Por quê?

– Tenho um universo de coisas para conhecer, um mundo inteirinho para visitar e buscar compreender minha existência. Mas algo ainda me prende aqui.

– O que houve, Nicolas?

– Preciso achar Isabela. Já a procurei por toda a colônia e nada. Ninguém a viu por aqui.

– Vamos visitar Regeneração?

– O que é isso?

– Uma colônia, ora!

– Sim, vamos. Será que ela está lá?

– Eu não sei, mas podemos perguntar. O que acha?

– Vamos logo, amigo!

– Venha, vamos.

Radiante e feliz, Nicolas segue com Felipe para a área de transporte.

Após caminharem, finalmente chegam à estação de embarque.

– Nossa, Felipe, que lugar legal!

– Gostou?

– Caramba! O que é isso? São trens flutuantes?

– É como se fossem; na verdade, chamamos de veículos de transporte.

– Ah, Felipe, isso eu sei!

– Pois é, aqui as coisas, embora magníficas, são extremamente simples.

– Cara, nunca imaginei que a vida continuasse, e muito menos que as coisas fossem assim.

– Pois é, Jesus falou por parábolas, porque as pessoas daquela época entendiam assim. Kardec falou por perguntas e respostas, porque assim abriria a porta para nós, que chegamos agora trazendo revelações extremamente importantes para quem ainda não acredita na vida espiritual.

– O que será que vem depois?

– Depois... Os encarnados terão o primeiro contato com os extraterrestres, e isso será o marco revolucionário na história da humanidade, um divisor de águas. Depois que eles fizerem esse contato, as casas espíritas precisarão se adaptar para o grande número de adeptos.

– Eu era espírita sabe, Felipe?

– É, eu não sabia.

– Pois é, mas me desiludi com o espiritismo, daí fui para a igreja evangélica.

– Mas o que aconteceu?

– Ah, Felipe, muita mentira!

– Se quiser, posso levar você para visitar a casa espírita em que eu e Nina e outros amigos aqui da colônia trabalhamos.

– Como assim? Vocês ainda trabalham em casas espíritas?

– Sim, claro que sim, por que o espanto?

– Cara, vocês são tão superiores...

– Superiores a que?

– Ah, sei lá. Vocês são espíritos iluminados, isso eu já pude notar.

– Meu amigo, aqui quanto mais se trabalha, mais rápido se evolui. As casas espíritas sérias são lugares onde podemos evoluir muito rapidamente. Lembre-se de uma coisa:

– O que, Felipe?

– É dando que se recebe!

– Quer dizer que vocês trabalham nas casas espíritas dando suas boas energias para auxiliar o próximo, e como recompensa evoluem mais rápido?

– Não é recompensa, é salário!

– Sim, o tal bônus-hora.

– Isso, rapaz, bônus-hora!

– Quero conhecer esses centros espíritas em que vocês trabalham. Quando poderemos visitá-los?

– Em breve lhe convido, vou falar com a Nina. Preciso da permissão dela.

– Pede a ela, por favor, Felipe!

– Pode deixar. Agora entre no veículo e vamos para a Colônia da Regeneração.

Colônia da Regeneração

Na Colônia da Regeneração trabalha-se para a recuperação de espíritos que foram mutilados e sofreram algum tipo de acidente no qual perderam partes do corpo enquanto estavam encarnados. A mutilação física atinge o perispírito, que é o nosso corpo espiritual, aquele que levamos para o mundo espiritual para podermos ser reconhecidos por nossos familiares e amigos que foram antes de nós. Todos nós temos o poder de, fluidicamente, condensarmos esses fluidos e levar conosco essa forma física que muito nos será útil na erraticidade, além de procedermos com os atendimentos fluídicos concentrados e terapias. Tudo com o intuito de renovação do perispírito.

Felipe e Nicolas são recebidos por Marcondes, um dos espíritos responsáveis por Regeneração. É ele quem coordena e fiscaliza a chegada de novos pacientes que serão tratados na colônia.

Logo que descem do veículo, eles são recebidos por Marcondes.

– Olá, meu nobre amigo Marcondes, como vai? – diz Felipe se aproximando.

– Estou muito bem, Felipe, e você? – diz Marcondes estendendo a mão para cumprimentar o amigo.

– Trago aqui um grande amigo que veio para conhecer Regeneração e procurar por sua amada.

Marcondes estende a mão e cumprimenta Nicolas.

– Seja muito bem-vindo, meu rapaz! Qual é seu nome?

– Eu me chamo Nicolas, senhor.

– Não me chame de senhor, por favor!

– Caramba, não dou uma dentro!

Felipe ri.

– Deixa de bobagens, Nicolas, o Marcondes está brincando.

– Deve ser essa tal telepatia, você faz isso para me constranger, não é, Felipe?

Todos riem.

– Venham, senhores, vamos até o registro geral.

– Que raio será isso? Registro geral...

– É o lugar onde todos que chegaram e estão aqui são registrados. Há um controle muito grande em todas as colônias, Nicolas – diz Felipe.

– Interessante! – diz Nicolas.

– Tudo aqui é muito organizado, Nicolas; ou você acha que nós temos bola de cristal para adivinhar as coisas?

– Sempre refleti muito sobre isso. Porque as pessoas iam ao centro espírita que eu frequentava e ficavam querendo saber do passado, e principalmente do futuro. Nunca vi lógica nisso, e esse foi um dos motivos pelos quais me afastei do espiritismo.

– Nós não estamos aqui para revelar aquilo que não serve para elevar outros espíritos. A missão dos espíritos sobre a Terra, principalmente sobre os encarnados, é tão-somente auxiliá-los a seguir seu caminho de forma que evoluam sempre.

– Mas eu já vi espíritos fazendo previsões para as pessoas.

– Quando eu levar você ao centro espírita, entenderá como tudo isso acontece.

– Você vai me levar a um centro espírita?

– Em alguns – diz Felipe.

– Mas por que você vai fazer isso? Faz parte das coisas que preciso saber?

– Sim, quando sairmos daqui, vou falar com a Nina, e juntos, poderemos fazer essa viagem com você.

– Nossa, o que será que me espera pela frente?

– Aqui você vai colher exatamente tudo aquilo que plantou quando estava encarnado.

– A colheita?

– Sim. Todos, quando desencarnam, são responsáveis pela semeadura.

– Já ouvi isso, tanto no centro espírita quanto na igreja evangélica.

– Essa é a lei: somos os responsáveis por nós mesmos. Ninguém é responsável por aquilo que você semeou.

– Isso eu já entendi. Só não sei o que o centro espírita tem a ver com isso.

– Você se lembra por que deixou o espiritismo?

– Sim, fiquei decepcionado com a religião.

– E por que você ficou decepcionado?

– Porque os espíritos não me avisaram que Isabela iria morrer.

– E você acha que eles teriam que avisá-lo?

– Sim, fui evangelizado dentro de um centro espírita. Desde menino meus pais me levaram para ser evangelizado. Eu já vi muita coisa dentro do centro em que frequentávamos. Vi por diversas vezes os mentores espirituais daquele centro alertarem pessoas sobre coisas e fatos que logo depois aconteceram realmente com elas. Por que para uns funciona e para outros não funciona?

– Quando eu, você e a Nina formos visitar os centros espíritas, irá compreender perfeitamente como as coisas funcionam.

– Por que não vamos logo para lá?

– Porque temos que resolver uma coisa aqui na Colônia da Regeneração.

– Eu vou poder encontrar Isabela?

– Não foi isso que você me pediu?

– Sim, desde o dia em que cheguei aqui quero encontrar com meu amor.

– Viemos aqui na esperança de encontrá-la, vamos ver o que o Marcondes tem para nós.

– Vamos – diz Nicolas, acelerando o passo.

– Venham, senhores – diz Marcondes mostrando-lhes um enorme galpão que mais parece um templo. De parede azul-claro com listas brancas, o prédio tem aproximadamente uns vinte metros de altura. Sua fachada é moderna e tem grandes janelas de vidro.

Nicolas, Felipe e Marcondes adentram no prédio.

Há um grande balcão onde algumas jovens atendem aos recém--chegados. Uma pequena fila se forma para aqueles que desejam ser atendidos pegarem uma espécie de senha. Logo atrás há várias mesas onde todos são atendidos.

– Felipe!

– Sim, Nicolas.

– Isso aqui é um atendimento fraterno?

– Parece, não é?

Risos.

– Na verdade, é aqui que selecionamos os tipos de atendimentos que oferecemos em nossa colônia – diz Marcondes.

– Como assim? – insiste Nicolas.

– As colônias espirituais são lugares de refazimento para todos os espíritos, Nicolas. Alguns precisam de refazimento perispiritual, outros espíritos precisam compreender a existência, outros precisam aceitar-se para seguir em frente. Outros tantos chegam aqui, trazidos do Umbral, para que possamos auxiliá-los a retornar à vida terrena por meio de nova oportunidade de reencarnação. Nossa especialidade é o refazimento após algum tipo de amputação ou mutilação.

– Caramba, e é nessa fila que vocês decidem isso?

– Não, nós não decidimos nada. Quem decide sobre você é e será sempre você. O que fazemos aqui é ouvir as necessidades e encaminharmos para o lugar certo.

– Como assim?

– Por exemplo: você chega aqui arrependido de todos os males que praticou na sua última encarnação.

– Sei.

– Nós lhe recebemos, encaminhamos você para um conselheiro que vai atender-lhe e explicar tudo o que precisa saber e o que é necessário para que receba essa nova oportunidade. Como todos nós sabemos, temos aqui uma grande quantidade de espíritos que desejam espiar de novo a vida terrena, que desejam passar por provas mais difíceis até alcançarem a perfeição, mas pela falta de oportunidade ficam durante muito tempo aqui.

– Como assim, falta de oportunidade?

– Nicolas, para que a Magda fosse sua mãe na encarnação que você acaba de deixar foi necessário que ela aceitasse ser sua mãe naquela vida. Para que você nascesse, precisaria de um pai, e o Paulo aceitou ser seu pai naquela vida e assim se sucedeu com seus familiares, irmãos e amigos mais próximos.

– Você está de brincadeira!

– Não, claro que não! – adverte Felipe. – Aqui ninguém fica de brincadeira. Não temos tempo para isso.

– Desculpe-me, Felipe, mas isso é verdade?

– A mais pura verdade. Para que você possa renascer na Terra é necessário que todos os envolvidos com você aceitem tê-lo como filho, amigo, parente, esposo, esposa etc.

– Quer dizer que para nascer de novo vou ter que combinar isso com todo mundo?

– Sim.

– Agora entendi!

– O que foi que você entendeu, Nicolas?

– Agora compreendo melhor, porque amo profundamente minha irmã Regina e detesto a Marcele. Quer dizer... não gosto muito.

Risos.

– Que bom que você compreendeu! – diz Felipe.

– Mas essa diferença de sentimentos se dá por quê?

– Pelos ajustes necessários que todos temos que passar. A caminhada evolutiva, embora seja algo muito pessoal, é coletiva.

– Quer dizer que aceitei ser o irmão da Marcele para resgatar comigo alguma coisa?

– A Marcele aceitou você como irmão, lembre-se disso, você nasceu depois dela, então o acordo é: eu o aceito como irmão.

– Ah, entendi, então quem nasce antes é quem aceitou primeiro?

– Isso, isso mesmo! Ela aceitou chegar primeiro e receber você depois. E juntos, caminharem para a evolução.

– Deixa ver se entendi: o Lucas e a Regina foram os que nasceram depois de mim lá em casa. Quer dizer que eu os aceitei como irmãos antes mesmo de todos nós termos nascido?

– Sim, é isso.

– Que legal!

– As famílias estão ligadas mesmo antes de serem constituídas na Terra, Nicolas – diz Marcondes. – Tudo é combinado aqui na vida espiritual.

– Achei isso fascinante.

– O mais importante, Nicolas, é que você compreenda que para que um espírito encarne é necessária toda uma logística. É necessário que todos os envolvidos com aquela vida, com aquela existência e com aquela oportunidade, aceitem-na e concordem em experimentarem juntos.

– Nossa, como Deus é perfeito! – diz o rapaz.

– Sim, Ele é perfeito! E é por isso que não se pode perder as oportunidades. Encarnar requer muito amor e muita aceitação. Reencarnar dá muito trabalho.

Nesse momento uma linda jovem com um belo sorriso se aproxima de Marcondes trazendo uma pasta laranja nas mãos.

– Bom dia, senhores! – diz a bela jovem.

– Bom dia, Mariana! – responde Marcondes.

– Bom dia! – dizem Felipe e Nicolas.

– Está aqui o que você me solicitou, Marcondes – diz Mariana, entregando nas mãos de Marcondes a pasta laranja.

– Obrigado, Mariana!

– De nada, Marcondes. Se me dão licença... – diz a jovem se afastando.

– Obrigado, Mariana – insiste Marcondes.

Ela responde a todos com um belo sorriso.

– Bonita ela, não é, Felipe?

– Sim, Nicolas.

– Engraçado...

– O que houve, rapaz?

– Essa menina, a Mariana, é a primeira pessoa que vejo com uma beleza estonteante.

Risos.

– O que foi? Falei alguma coisa que não devia?

Mais risos.

– Não, Nicolas, não. Você não falou bobagem.

– Perdoe-me, Marcondes!

– Deixe de bobagens, rapaz! Com o tempo você vai entender melhor como funcionam as coisas aqui.

– É que fiquei impressionado com a beleza da Mariana.

– Isso é muito comum aos que chegam aqui.

– Nem vou perguntar mais nada – diz Nicolas, envergonhado.

Marcondes caminha em direção à recepção do lugar, onde há mesas de cor branca com cadeiras confortáveis.

– Venham, senhores, preciso que vejam o que temos aqui nesta pasta.

– Sim, vamos nos sentar ali – diz Felipe.

– Venha, Nicolas.

– Sim, estou indo. Felipe, será que nesta pasta teremos informações sobre Isabela?

– Eu não sei, mas se tem uma pasta é porque tem alguma coisa sua aqui.

Marcondes vai à frente. Nicolas puxa Felipe pelo braço e fala baixinho.

– Felipe, se for alguma coisa ruim, não deixe-o falar; ainda estou muito triste com o afastamento de minha família. Estou triste com a minha morte.

– Você gostaria de estar na vida terrena?

– Sei lá, me sinto sozinho aqui. Só tenho você e a Nina e mais ninguém para conversar.

– Lembra-se de que lhe falamos da colheita?

– A solidão aqui é um castigo?

– Deus não castiga Seus filhos. Por muito tempo você se afastou de sua família e de seus amigos e decidiu levar uma vida sozinho. Quando nos afastamos das pessoas, elas se afastam de nós. Durante sete longos anos você abandonou a todos.

– Mas eu tenho meus motivos.

– Sim, compreendemos isso. Agora você vai precisar reconquistar os corações magoados que deixou para trás.

– Mas eu tinha perdido a Isabela.

– Todos perderam a Isabela.

– Desculpe-me, Felipe.

– Sem problemas. Venha, vamos nos sentar, o Marcondes nos espera.

Assim, Felipe e Nicolas sentam-se à mesa com Marcondes, que já está com a pasta aberta lendo algumas fichas.

– E aí Marcondes, o que tem para o Nicolas?

– Temos cinco folhas nesta pasta. Três estão preenchidas e duas estão em branco.

– O que significa isso?

– Significa que temos três espíritos ligados a você aqui em Regeneração.

– Três espíritos ligados a mim?

– Sim, uma mulher e dois homens.

– Quem será, meu Deus?! Será a Isabela?!

– Nicolas, quando chegamos aqui no mundo espiritual, na nossa morada verdadeira, após todo o processo de aceitação, todos nós somos levados a relembrar nossas vidas anteriores, tudo aqui é gradativo. Não pense você que ao morrer tudo lhe é logo revelado. Tudo aqui depende de seu merecimento. Sendo assim, o nome Nicolas, que você usou em sua última encarnação, pode não ser o nome que você usou nas encarnações anteriores.

– Então, como serei reconhecido?

– Pelo nome que mais lhe agradar.

– Quer dizer que posso escolher me chamar Paulo, por exemplo?

– Sim, você é livre e sempre será livre aqui e onde estiver no Universo.

– Caramba, que legal!

– Pois é, então os nomes que temos aqui na pasta provavelmente sejam nomes que esses três espíritos ligados a você escolheram. Eu não vou revelá-los, porque não quero lhe criar falsas expectativas. Vamos até o endereço que está aqui, e lá você poderá reencontrar com seus amigos espirituais.

– Vamos logo, Marcondes! – diz o rapaz.

– Venha, Felipe! – diz Marcondes.

– Marcondes, se você e o Nicolas não se importarem, vou aproveitar minha estada aqui e falar com a Rosimar sobre alguns amigos de Amor e Caridade.

– Eu não me importo – diz Marcondes.

– Mas Felipe, eu não me sinto seguro – diz Nicolas.

– Nicolas, o Marcondes é um dos diretores daqui; ele vai estar a seu lado e lhe dará todo o suporte necessário a este encontro.

– Vamos, Nicolas, deixe de bobagens, venha!

– Está bem, eu vou com ele, mas depois vamos nos encontrar, não é, Felipe?

– Sim, estarei aqui à sua espera.

– Vamos, Nicolas! – insiste Marcondes.

Nicolas dá um leve sorriso para Felipe e começa a caminhar ao lado de Marcondes.

A Colônia da Regeneração é muito grande; nela há várias avenidas e alamedas arborizadas. As árvores são incrivelmente do mesmo tamanho, e as folhas são coloridas. Aquilo chama muito a atenção de Nicolas, que sempre gostou da natureza. Curioso, ele pergunta:

– Marcondes, me perdoe, mas por que todas as árvores são do mesmo tamanho e as folhas são coloridas?

– As árvores são do mesmo tamanho, porque foram plantadas no mesmo dia.

– Quer dizer que tudo isso foi criado em um único dia?

– Sim, Ele criou o céu e a terra no mesmo dia.

– Quando Deus criou o céu e a terra, Ele imediatamente criou as colônias?

– As colônias foram criadas antes mesmo que houvesse vida na terra. Tudo foi organizado para receber Seus filhos.

– Como assim, Marcondes?

– Quando Deus criou o Universo, Ele o fez para que Seus filhos tivessem todo o conforto possível. Então, tudo o que você vê, ouve e sente foi criado antes mesmo de sua existência. Deus é um bom pai. E Ele cria a todo tempo tudo aquilo que for o melhor para Seus filhos.

– Ele poderia ter-nos criado perfeitos, não é?

– Somos perfeitos!

– Como assim? Eu tenho uma infinidade de defeitos!

– Você os reconhece?

– Sim, sei perfeitamente onde preciso melhorar.

– Sendo assim, você é perfeito. Quando se tem a percepção daquilo em que é necessário mudar, isso indica que há dentro de você a certeza da perfeição que Ele colocou dentro de todos os Seus filhos. Tudo de que necessitamos está dentro de nós. Tudo de que precisamos está ao nosso redor. Ele assim o fez.

– Caramba, Marcondes, não tinha pensado assim!

– Não se preocupe, a maioria não se descobriu ainda.

– Iremos algum dia nos tornarmos perfeitos?

– Todos estão destinados à perfeição.

– Ainda bem!

Risos.

Nicolas e Marcondes caminham por uma alameda florida. Há outros espíritos passeando: mulheres, crianças e animais, todos estão muito felizes.

– Há muita gente aqui, não é, Marcondes?

– Há muitos espíritos aqui sim, Nicolas.

– Desculpe a minha ignorância.

– Que isso, rapaz?

– Mas você sabe me dizer quantos espíritos vivem aqui?

– Sei sim, aproximadamente quarenta mil.

– Caramba, é uma cidade grande!

– Sim. Somos uma das maiores colônias espirituais sobre o Brasil.

– Perdoe-me a intromissão, mas você sabe quantas colônias existem sobre o Brasil?

– Um pouco mais que trinta, Nicolas.

– No mundo todo existem colônias?

– Sim, claro que sim; todos nós somos e seremos sempre assistidos por nossos irmãos que evoluíram um pouco mais do que nós.

– Quer dizer que na América do Norte, por exemplo, existe colônia espiritual?

– Em todo lugar do mundo, Nicolas.

– Devem ser milhões de colônias, não é?

– No mundo todo, são setenta mil colônias.

– Caramba, que trabalheira para Deus!

– Deus tem Seus comandados que tomam conta das colônias.

– Como assim?

– Jesus, Nicolas! Jesus é o governador espiritual da Terra. Ele preside as colônias espirituais. É assim que tudo funciona. Jesus e seus auxiliares tomam conta das colônias sobre o orbe terreno. Aqueles que muitos chamam de santos, na verdade são auxiliares de Jesus.

– Que legal! – diz o rapaz.

– Então quando precisamos pedir alguma coisa é melhor pedir direto a Jesus, não é?

– Tanto faz, você pode pedir a Jesus, a seus auxiliares ou até mesmo direto a Deus, que também tem Seus auxiliares e transmitem o seu pedido a Jesus.

– Então é melhor falar com Jesus, isso encurta o caminho.

Risos.

– Sim, Nicolas, você é engraçado sabe, rapaz?

– Obrigado, Marcondes!

– Venha, vamos dobrar aqui nesta rua; a casa que procuramos fica nesta quadra.

O coração de Nicolas acelera. Ele fica muito preocupado e nervoso.

"É na volta ao mundo espiritual que reencontramos os amores perdidos."

Osmar Barbosa

O encontro

A rua é tranquila, de casas simples, mas todas têm um belo jardim na frente. Não existem muros. Flores e plantas enfeitam o lugar. São casas coloridas, feitas de madeira, simples, singelas e aconchegantes.

Nicolas caminha até uma casa cor-de-rosa e para em frente a um pequeno caminho feito de pedras e fica esperando Isabela se aproximar.

Suas pernas estão trêmulas. Nicolas não sabe o que o espera ou mesmo quem ele vai encontrar. A emoção toma todo o seu peito. Ele começa a imaginar como estaria Isabela.

– Venha, Nicolas! Vamos, meu rapaz! – insiste Marcondes.

– Estou indo, amigo.

– Você está bem?

– Sim, só estou muito emocionado.

– Não fique; venha, vamos bater à porta – diz Marcondes, puxando Nicolas pelo cotovelo direito.

Marcondes bate à porta e ouve uma voz cansada lhe perguntar:

– Quem é?

– Sou eu, Marcondes.

– Querido Marcondes, espere: já estou indo abrir a porta.

Nicolas fica confuso, a voz parece-lhe familiar, mas não é a voz de Isabela.

A porta se abre, e emocionado, Nicolas atira-se nos braços da velha senhora de cabelos brancos.

– Vó! – diz o rapaz, emocionado.

– Meu netinho, que saudade!

Um longo e caloroso abraço envolve Nicolas e sua avó Eunice.

Sem palavras, eles permanecem calados e com seus corpos colados por alguns minutos. Marcondes assiste a tudo muito feliz.

– Vó, como é bom poder abraçá-la novamente! Meu Deus, obrigado por isso! – diz Nicolas, emocionado.

– Venha, meu neto, vamos nos sentar – diz Eunice, puxando Nicolas para o interior da humilde casa.

Indicando um sofá, Eunice convida Nicolas e Marcondes a sentarem-se.

– Sentem-se, meninos!

– Vó, que saudade!

– Eu também estava muito saudosa de você, Nicolas. Como é que você está encarando essa nova experiência?

– Ah, vó, estou ainda muito confuso com tudo isso aqui. Mas estou disposto a me reencontrar. Estou disposto a visitar tudo o que existe aqui. E experimentar tudo o que me for permitido.

– Ah, Nicolas, que felicidade ter você aqui! Sabe, estou aqui há bastante tempo: eu, seu avô e seu tio Berardo.

– E onde é que eles estão, vovó?

– Eles já estão chegando, meu filho; foram buscar algumas coisas que pedi quando soube de sua chegada aqui.

– Como assim, você já sabia que eu estava aqui?

– Sim, tudo nos é permitido quando estamos alinhados com as coisas de Deus, meu filho.

– Quer dizer que a senhora sabia de minha morte?

– Sim, nós já sabíamos que você estava vindo; e ficamos muito felizes em lhe receber aqui na colônia.

– Eu vou ficar aqui, Marcondes?

– Se você quiser, sim; lembre-se, agora você está livre.

– Sim, eu posso decidir onde ficar?

– Bem, mais ou menos – diz Eunice, sentando-se ao lado do neto.

– Como assim, vó?

– Tudo depende de como chegamos aqui. Eu mesma passei um

longo período no Umbral até que pude ser resgatada pelos socorristas aqui da colônia.

– Mas por que, vovó, você teve que ficar no Umbral? Você sempre foi uma pessoa do bem, sempre ajudou muitas pessoas... Inclusive, você foi dirigente espiritual de um centro espírita lá perto de casa. Eu era muito pequeno, mas me lembro muito bem das sessões que havia lá naquele terreiro que você e o vovô construíram com muito sacrifício nos fundos do quintal. Eram muitas as pessoas que a procuravam. Lembro-me que você recebia uma preta velha e ficava por horas rezando e atendendo as pessoas, principalmente as crianças.

– Pois é, meu neto, nem isso me livrou de passar um longo período no Umbral. Nós, médiuns, nos iludimos com os desafios da mediunidade. Muitos de nós ficamos a sofrer no Umbral, porque desperdiçamos a oportunidade de auxiliar as pessoas com a honestidade necessária à tarefa mediúnica. A soberba, a vaidade, o desprezo para com os mais necessitados, a fofoca, a intriga, o achar que somos melhores do que os outros nos levam diretamente para essas zonas de sofrimento. Sempre fui uma mulher muito dedicada a auxiliar o próximo, mas sempre achei que minha mediunidade era melhor do que a dos outros colegas lá do centro espírita; muitas das vezes desprezei ensinamentos oferecidos gratuitamente pelos espíritos superiores por achar que eu já sabia tudo.

– Caramba, vó!

– O equívoco é o que ainda leva muitos espíritos a deixarem de lado a caridade verdadeira. Muitos espíritas, assim como eu, achavam que o simples fato de trabalharem com determinada entidade já seria o suficiente para cumprir sua missão na Terra. Eu sofri muito por deixar de lado o ouvido.

– Como assim, vovó?

– Quando se tem a oportunidade de trabalhar em favor dos mais necessitados e tomamos isso como algo que nos diferencia deles, deixamos de atender a necessidade do Pai; aí tudo se cumpre quando deixamos o corpo físico. Eu era mãe de santo no meu centro. Muitos espíritos chegaram até mim trazidos pelos espíritos superiores precisando de ajuda. E eu, dentro dessa vaidade que muitos médiuns têm, achava que isso era bobagem; eu achava que deveria encaminhá-los às esferas mais densas da espiritualidade para que aprendessem na dor. Eu os julguei. Por vezes fingi estar incorporada para me livrar daqueles irmãozinhos encarnados que batiam à minha porta pedindo ajuda. Foram muitos os meus equívocos.

– Puxa vovó, eu só lamento que isso tenha acontecido com você.

– Eu sei, Nicolas, eu também lamentei muito por tudo o que fiz.

– Mas agora sua realidade é outra, Eunice – diz Marcondes.

– Sim, superei meus próprios desafios, e hoje estou aqui, feliz e realizando um trabalho muito bonito em um centro espírita lá na Terra.

– Como assim, vovó?

– Você se lembra do centro espírita que frequentava?

– Sim, claro!

– Pois é. Eu, seu avô e seu tio trabalhamos lá.

– Nossa, vovó que legal! Ué, mas peraí! Como assim, vocês trabalham lá?! Eu frequentei aquele centro desde que você morreu, foi quando a família decidiu fechar as portas, daí o papai e a mamãe nos levaram para outro centro, onde fui evangelizado. Eu não gostava de centro de mesa. Fui evangelizado lá, mas eu gostava mesmo era das sessões de umbanda. Mas eu saí logo após a morte de Isabela.

– É lá mesmo que estamos trabalhando: no centro da velha senhora, a Dona Carmen. Não sei se o Marcondes ou o Felipe já lhe explicou, mas nós só resgatamos os nossos débitos com aqueles a quem somos devedores.

– Sim, vovó, eu já compreendi isso.

– Pois bem, eu tenho uma grande dívida para com aquelas pessoas que eu atendia no meu centro espírita. Como elas agora frequentam o outro centro, é lá que estamos fazendo a caridade. Eu recebi permissão para resgatar tudo aquilo que fiz quando encarnada entre eles e as pessoas que eram assistidas por mim.

– Meu Deus, como as coisas de Deus são grandiosas não é, vó?

– Sim, meu filho. Deus é uma fonte imensa de amor. Tudo n'Ele é perdão, compreensão, oportunidade e luz.

– Peraí! Pensando melhor, quer dizer que você, o vovô e meu tio trabalham lá porque não existe possibilidade de vocês reencarnarem e se encontrarem com essas pessoas para poderem quitar seus débitos, é isso?

– A engenharia da vida é assim. Os centros espíritas, em sua maioria, são, na verdade, oportunidades que são ofertadas aos espíritos devedores. A maioria dos espíritos que trabalham nas casas espíritas está ali para reencontrarem-se com os seus familiares, amigos, colegas e parceiros de vidas anteriores. Os centros espíritas são uma oportunidade única de reencontros, reaproximações, resgates e a quitação de dívidas contraídas não só nas existências próximas, como nas encarnações mais antigas.

Os espíritos que trabalham como pretos velhos, por exemplo, são, em sua maioria, almas devedoras. São espíritos que durante vários séculos praticaram o mal, atuando como soldados romanos que participaram de latrocínios, na Inquisição, na Primeira Guerra Mundial, na Segunda Guerra, e nas guerras que tiveram pelo Universo. Espíritos arrependidos que só encontram uma única forma de se reencontrarem com aqueles a quem fizeram tanto mal. Assim, eles assumem a forma de preto velho ou preta velha ou até mesmo de outras centenas de entidades e incorporam em verdadeiros médiuns para se reencontrarem com os seus desafetos, e auxiliando-os eles conseguem seus resgates pessoais.

– Caramba, vovó, nunca tinha pensado assim!

– O Felipe vai levar você a um centro espírita, e assim você vai compreender tudo o que estou dizendo agora.

Um barulho é ouvido na porta dos fundos da pequena casa.

– Olha, seu avô chegou – diz Eunice.

Ramiro adentra a sala trazendo nas mãos uma flor lilás e um lindo sorriso. E os braços abertos à espera do encontro caloroso com seu neto Nicolas. Berardo vem logo atrás.

Nicolas se levanta rapidamente e recebe um caloroso abraço de Ramiro.

O silêncio e as lágrimas tomam conta do lugar.

Eunice se levanta e abraça seu neto junto a seu marido.

Comovido, Berardo abraça a todos.

Nicolas não consegue conter as lágrimas de amor e alegria.

Marcondes assiste a tudo, emocionado.

– Vô, eu te amo! – diz Nicolas.

– Que saudade que eu estava de você, meu rapaz!

– Nós lá em casa também, vovô; minha mãe vive dizendo o quanto o senhor nos faz falta.

– Sua mãe é a minha filha preferida.

– Oi, tio! – diz Nicolas abraçando Berardo.

– Oi, Nicolas! Que bom que você chegou!

Todos se sentam. Um silêncio toma conta do lugar. Eles ficam se olhando por alguns minutos como se aquilo não fosse real.

Nicolas enxuga as lágrimas com as mãos. Ele está visivelmente emocionado e feliz.

Ramiro olha fixamente para o neto.

Todos estão muito felizes.

– Desculpem-me a ignorância, mas por que vocês se mantêm assim?

– Assim como, Nicolas?

– Velhos.

– Estamos assim para que você possa nos reconhecer – diz Eunice.

– Se eles estivessem mais novos, que é como eles na verdade estão, você não os reconheceria, Nicolas – diz Marcondes.

– E em algum momento vocês vão ser diferentes?

– Para seus olhos nós seremos sempre assim – diz Berardo.

– O corpo fluídico ou a forma como nos mostramos para você e para os demais não importa. O estado de nosso ser, o que somos na essência, é o que importa. Esse corpo que você vê agora parece um corpo velho, mas na verdade é um corpo bem saudável e disposto a tudo aquilo de que necessitamos para os desafios aqui da vida espiritual. A forma não importa, Nicolas, o que importa é o conteúdo – diz Eunice.

– Entendi, vovó. Desculpe-me a pergunta.

– Só se aprende na dúvida, Nicolas – diz Ramiro.

– Quer beber alguma coisa, Nicolas?

– Não, vovó, obrigado!

– Eu vou até a cozinha preparar um chá para nós, meninos, esperem aí que já volto.

– Obrigado, Eunice, seu chá é realmente algo que não perco – diz Marcondes.

– Obrigada, querido Marcondes – diz Eunice, saindo da sala.

Nicolas passa o resto da tarde conversando com seus familiares, assistido por Marcondes. Relembra o tempo de criança que vivia ao lado de seus mais íntimos familiares.

Todos estão felizes.

No dia seguinte Nicolas volta para a Colônia Amor e Caridade, feliz pelo encontro com seus avós e com seu tio. Ele recebe de Eunice a promessa de reencontrar-se com outros parentes distantes que estão em outras colônias.

"Onde há amor, há tudo o que necessita uma alma para a sua evolução."

Osmar Barbosa

No centro de umbanda

Felipe e Nina chegam à praça principal onde Nicolas está sentado conversando com alguns adolescentes da colônia.

– Bom dia, Nicolas! – diz Nina.

– Bom dia, Nina! – diz Nicolas levantando-se e batendo as mãos nas pernas para limpá-las e assim cumprimentar Nina pegando em sua mão.

– Bom dia, Felipe! – dizem os adolescentes.

– Bom dia, meninos e meninas!

– Bom dia, Nina! – dizem.

– Olá, meninas, como estão?

– Estamos muito bem, estávamos aqui conversando com o Nicolas; ele estava nos contando coisas sobre a Terra.

– Notícias?

– Sim, ele estava falando dos governantes das cidades, das novidades de lá.

– Que bom, Camila! Ele também lhe falou que estava frequentando uma igreja?

– Sim, na verdade, Nina, o Nicolas é muito engraçado.

Todos riem com a sinceridade de Camila.

– Não me entrega não, por favor, Camila! – diz Nicolas.

Risos.

– Pode deixar que não vamos entregar você, Nicolas.

– Mas a que devo a honra da visita, Nina? – diz o rapaz.

– Lembra-se de nosso compromisso com o centro espírita?

– Sim, vocês me disseram que preciso ir até lá com vocês.

– Você já se acha pronto para ir? – pergunta Felipe.

– Olha, depois da conversa que tive com minha avó e meu avô, estou, na verdade, muito curioso para conhecer os bastidores de um centro espírita.

– Então vamos! – diz Nina.

– Sim, vamos. Com licença, meninos e meninas, mas tenho que sair com a Nina e o Felipe.

– Pode ir, Nicolas, e não se esqueça de voltar trazendo as novidades.

– Trago sim, pode deixar.

– Venha, Nicolas, vamos até a sala de teletransporte.

– Existe isso?

– Sim, claro que sim! Ou você acha que podemos ir e vir do mundo físico para o mundo espiritual por nossa própria vontade?

– Eu pensei que sim.

– Você está equivocado. Ninguém entra na casa de alguém sem ser convidado ou mesmo sem permissão.

– Agora fiquei sem entender mais nada – diz Nicolas.

– Explica para ele, Felipe, por favor!

– Nicolas, para que possamos transitar pelo plano dos encarnados é necessário que tenhamos uma proteção. A Terra ainda é um plano muito denso para nós. Daí precisamos de guardiões para podermos entrar em determinados lugares do plano físico.

– Caramba, é assim?

– Nicolas, tudo na humanidade se comunica, todos os espíritos estão em evolução. Temos espíritos mais evoluídos e espíritos menos evoluídos. Quando aqueles que se encontram na escuridão percebem a presença de espíritos de luz, eles ficam desesperados e querem a todo custo se aproximarem de nós para tentarem tirar algum proveito de nossa luz. Eles ainda não compreendem que a luz que irradia de nosso ser é uma luz própria que cada um de nós constrói por meio das mudanças que promovemos em nosso ser. Daí a necessidade de estarmos ladeados por espíritos que se assemelham a eles, mas que já compreendem quem nós somos.

– Que legal isso! Oportunidade, não é?

– Sim, uns ajudam aos outros e assim a humanidade caminha em sua evolução.

– Gente, eu nunca tinha pensado nisso.

– Pois é, muitos, assim como você, acham que por termos alguma luz podemos sair por aí passeando como se nada pudesse nos atingir. Até os espíritos mais puros necessitam de ajuda para caminharem nos lugares mais densos do Universo.

– É por isso que Jesus tinha apóstolos?

– Exatamente, Nicolas. Jesus precisava de seus apóstolos que, na verdade, eram espíritos de muita grandeza espiritual para estar entre aqueles menos favorecidos espiritualmente. Muito antes de o Messias chegar, tudo foi arquitetado para sua encarnação. Lembre-se de que João Batista foi o espírito que alertou a todos sobre a vinda do Messias. Eles trabalharam muito para que Jesus cumprisse sua tarefa.

– Entendi perfeitamente, Felipe. Obrigado por sua explicação.

– De nada, Nicolas.

Após caminharem pelas lindas avenidas de Amor e Caridade, Nina, Felipe e Nicolas chegam a um prédio azul com uma enorme porta de vidro. Na entrada há flores e jardins. Uma enorme árvore faz sombra no lugar.

– Lindo esse prédio, não é, Felipe?

– Sim, é o meu favorito.

– O meu também – diz Nina.

Após entrarem e preencherem uma ficha, os três são convidados a entrarem em uma sala cujas paredes são brancas. Nesta sala há três lugares, isto é, três cadeiras brancas.

Nina senta-se e indica a Nicolas sua cadeira; Felipe senta-se ao lado dela.

– O que faremos agora, Nina?

– Feche os olhos e medite, Nicolas.

– Sim, pode deixar.

Nina, Felipe e Nicolas entram em meditação.

Após alguns minutos uma porta se abre e uma névoa cobre todo o ambiente.

Barulho de tambores é ouvido. As mulheres estão vestidas com saias rodadas brancas e usam uma bata, também branca. No pescoço carregam fios de contas de várias cores. Na cabeça um pequeno turbante, também branco. Há no ambiente onde eles dançam umas trinta mulheres, aproximadamente. Os homens se vestem com calça comprida branca e jaleco branco. Também carregam no pescoço fios de contas de cores variadas. Todos dançam ao som de atabaques tocados por três outros rapazes. Uma mulher vestida com uma saia longa preta e branca, usando uma bata branca com um turbante amarelo tem nas mãos uma espécie de sino que toca evocando espíritos com palavras quase incompreensíveis para Nicolas.

Nina pega o rapaz pelo braço e leva-o para sentar-se próximo ao altar, onde podem ser vistas imagens de todos os santos da igreja católica. Nicolas fica assustado com tanto barulho, embora já tenha frequentado um centro de umbanda. E fica olhando fixamente para uma imagem de Jesus que está no topo do altar. Jesus está de braços abertos. Nicolas, nesse momento, relembra o centro de umbanda que frequentou.

– Nina, que lugar é esse? Aqui é um centro de umbanda?

– Sim, Nicolas, aqui é um centro de umbanda.

– Mas o que será que vim fazer aqui? Este centro é muito parecido com o que frequentei muito tempo atrás.

– Espere e verá.

Nicolas senta-se e fica admirado com tamanho empenho dos encarnados em dançar.

– Nina, agora estou me lembrando de quando eu era menino lá no centro de minha avó. Lá, eles faziam exatamente assim. E no último centro que frequentei também era assim.

– Sim, o centro espírita de sua avó era assim mesmo.

A música é alta, todos cantam e batem palma. Logo, uma das mulheres que dançavam começa a se sacudir assustando Nicolas.

– Nina, o que está acontecendo com aquela mulher ali?

– Ela está simulando uma manifestação espírita. Eles chamam isso de mistificação.

– Gente, o que é isso?

– Isso é o mais comum hoje em dia em um centro espírita, Nicolas – diz Felipe.

– Eu não vejo ninguém perto dela. Por que ela está fazendo isso?

– Para chamar a atenção para ela – diz Nina. – São esses os médiuns que vivem por aí fazendo previsões erradas para os consulentes.

– Coitada! – diz o rapaz. – Isso não é legal.

– É por isso que sua avó está agora tendo que trabalhar muito para desfazer os mal-entendidos que ela mesma criou para si.

– Fingir ser médium já é incrível, agora fingir estar incorporado e ainda fazer previsões para as pessoas é muito pecado junto, não é, Nina?

– Sim, Nicolas. Coitados desses médiuns mal-intencionados! Eles ficarão por muito tempo no Umbral e depois terão muitas dívidas para serem quitadas com aqueles que se iludiram e seguiram suas instruções. Falsos médiuns fazem muito mal às casas espíritas que buscam desenvolver um trabalho sério.

– Meu Deus! – diz o rapaz.

– Mas observe agora, Nicolas.

Um lindo espírito de uma cabocla se aproxima de uma médium e lhe transmite instruções por meio de um cordão fluídico.

– Isso é uma incorporação, Nina?

– Sim, Nicolas, é assim que utilizamos os médiuns para nos comunicarmos. É por meio dessa conexão fluídica que você pode ver que transmitimos os ensinamentos necessários a auxiliar as pessoas que buscam ajuda nos centros espíritas. Assim, o médium entra em contato conosco e manifesta o desejo do espírito.

– Caramba! Eu nunca poderia imaginar que é assim. E olhe como é linda essa índia!

– Ela é uma cabocla das matas, é muito evoluída. Trabalha aqui para ajudar os mais necessitados. É por meio da força fluídica que tem que ela espanta os maus espíritos de perto das pessoas que estão sendo obsediadas. Assim, ela evolui e auxilia o médium a evoluir também.

– Que lindo trabalho! – diz Nicolas.

Imediatamente um índio se aproxima de Nina e a cumprimenta.

– Olá, Nina!

– Oi, Ventania*!

– Olá, Felipe!

– Oi, Ventania, ainda bem que você chegou.

– Eu estava lá fora organizando a segurança – diz o índio.

– Como está meu, rapaz?

– Estou bem, senhor – diz Nicolas.

– Nina, vou permanecer lá fora para cuidar de tudo; se precisar de alguma coisa e só me chamar.

– Obrigada, Ventania!

Assim, o índio se despede de Nina e Felipe e fica de prontidão no portão de entrada do centro espírita.

– Nina, me perdoe a pergunta, mas quem é esse índio?

– Meu melhor amigo.

– É, Nicolas, ele é nosso amigo guardião. Para que possamos estar aqui em segurança, necessário se faz que ele, o Ventania, esteja por perto. Lembra-se de que lhe falei sobre isso?

– Sim, eu me lembro, mas por que um índio?

– Não se vê mais tantas tribos de índio hoje, como havia antigamente. Na verdade, os índios verdadeiros foram dizimados da Terra; poucas são as tribos que ainda vivem como antigamente. Sendo assim, aqueles índios que ficaram devendo à humanidade trabalham nas casas espíritas como guardiões. Ventania foi resgatado do Umbral pelo Daniel, e desde então ele nos auxilia nas casas espíritas e nas missões a que somos convidados. Ele é o nosso querido guardião.

– E assim eles conseguem resgatar seus débitos? – pergunta Nicolas.

– Isso, meu rapaz, você está aprendendo rápido. É assim que eles evoluem.

– Quer dizer que as casas espíritas foram criadas para oportunizar aqueles espíritos que já não têm mais como reencarnar para cuidar de seus débitos?

– Também para isso, Nicolas.

– Como assim, Nina?

– A religião espírita foi trazida à humanidade para cumprir o papel de elucidar questões do espírito. Allan Kardec foi o codificador do espiritismo. As religiões africanas sempre existiram. A umbanda foi criada para dar um suporte ao espiritismo. Espíritos que já não conseguem mais encarnar na Terra trabalham em todas as denominações espíritas. Onde há o efeito mediúnico, exercem assim a possibilidade de resgate. Todos somos devedores. Todos os espíritos devem obediência e respeito ao Pai e a outros espíritos. Tudo pode para o bem de todos. Ele tudo permite para que possamos evoluir, não importa em que lugar. Não importa em que condição, física ou espiritual, todos os espíritos recebem diariamente oportunidades evolutivas.

Acontece que a vaidade, o orgulho, a inveja e a soberba atrapalham por demais a evolução. O homem, quando lhe é confiado o poder, extrapola jogando por terra a possibilidade de realmente melhorar. Tantas são as oportunidades. Tantos são os desafios. Uma casa espírita como essa em que estamos agora tem tudo para ser a melhor casa espírita da Terra.

– É verdade – diz Felipe.

– Mas a vaidade e a falta de caráter de alguns médiuns jogam por terra toda a dedicação daquela ali, olha! – diz Nina, apontando para uma senhorinha negra, bem vestida, magrinha, sentada em uma cadeira de palha, balbuciando o cântico que entoam as outras pessoas. Em sua face pode-se ver a felicidade de um trabalho realizado com honestidade e amor. Poucos são os dirigentes espirituais que compreenderam sua missão e a levam em frente sofrendo pelo preconceito daqueles que não conhecem o amor de Deus.

– Quem é ela, Nina?

– A fundadora deste centro espírita, Dona Carmen.

– Tão bonitinha, não é, Felipe?

– Ela já tem quase cem anos. Dedicou-se a vida inteira a fazer o bem. Olhe quem está chegando agora!

Nicolas fica emocionado ao ver sua avó chegar. Vestindo uma saia cigana, cheia de moedas, ela traz nas mãos um pandeiro com fitas e na cabeça um lenço; colares e brincos enfeitam a agora jovem Eunice. Ela chega ladeada por Ramiro, que está vestido como um cigano, usando roupa alegre e colorida.

A música contagia todo o ambiente. Todos cantarolam uma linda canção.

Ciganos de luz...

Ciganos do amor... tragam a luz do Cristo Redentor...

Ciganos de luz....

Ciganos do amor...

Tragam para nós o Cristo Redentor...

Ciganos amigos, olhem por nós, tragam a paz, olhai por todos nós.

A vida cigana é vida de luz, agradeço a presença dos amigos de luz.

Deixai sobre nós seu imenso amor, deixai sobre nós a luz de Jesus Redentor.

Todos se ajoelham quando percebem a presença dos ciganos. Emocionada, a velha senhora começa a chorar. Eunice se aproxima da senhora idosa e lhe aplica um passe de luz.

Nina se levanta e vai até a velha anciã para lhe consolar. O ambiente se enche de luz. Eunice sorri para Nicolas que, emocionado, começa a chorar.

Ramiro, Berardo e Eunice começam a dançar, alegres e felizes por estarem ali ajudando e emanando energias boas naquele humilde lugar.

Todo o ambiente se enche de luz; vários ciganos chegam dançando ao lado dos médiuns que incorporam seus guias e começam a dançar.

Tudo é encantador. Nicolas fica feliz ao ver seus familiares ajudando tanta gente. Uma fila é feita e todos os presentes recebem as bênçãos do povo cigano.

– Pare de chorar, rapaz! – diz o índio se aproximando.

– Perdoe-me, índio!

– Ele está brincando, Nicolas – diz Felipe.

O índio se aproxima de Nina, que está ao lado da velha anciã.

– Nina, precisamos ir.

– Sim, Ventania, nós já vamos.

– Felipe, traga o Nicolas, vamos para outro centro.

– Sim, Nina.

– Feche os olhos, Nicolas e mantenha-se em meditação, que agora vamos para outro lugar.

– Sim, Felipe – diz Nicolas, fechando os olhos.

Após alguns segundos...

*A história do Caboclo Ventania é contada no livro *O Guardião da Luz*, do mesmo autor.

"O centro espírita é a oportunidade que as almas têm para resgatar-se consigo mesmas."

Osmar Barbosa

O arrependimento

Nina, Felipe e Nicolas chegam a um centro espírita de mesa. Uma linda e suave melodia harmoniza o ambiente. Luzes violetas estão acesas e deixam o ambiente ainda mais harmonizado. Há uma grande mesa em torno da qual sentam-se sete pessoas. Magda e Paulo fazem parte daqueles que estão sentados à mesa. Regina, irmã caçula de Nicolas, está de pé próxima a algumas jarras com água. O silêncio pode até ser ouvido pelos espíritos de luz que estão ladeando a mesa de orações. Magda profere uma linda prece.

Nicolas se emociona ao voltar ao centro espírita que ele havia abandonado algum tempo atrás e ao rever seus familiares. Ele percebe que é realmente um lugar de muita luz. Seus olhos agora são capazes de enxergar o que sua ignorância era incapaz de perceber. Ele se arrepende de tudo o que disse a respeito do centro e fica muito chateado consigo mesmo.

Nina se aproxima colocando a mão direita sobre o ombro do rapaz e diz:

– Muitas vezes os olhos da alma encarnada não conseguem ver o óbvio. Não importa o lugar, não importam as condições financeiras do lugar, não importam os trajes das pessoas que se dedicam à caridade. Até mesmo não importa a forma como ela é conduzida. Para Deus o que importa é e será sempre a intenção que é colocada na caridade. Somos espíritos imperfeitos em evolução, ainda não estamos capacitados para entender o que nos espera após a vida terrena. Cegas, as almas tropeçam em sua própria vaidade. Não enxergam nem o óbvio. A inveja, a intolerância e a impaciência são sentimentos que afastam os trabalhadores do bem da mais importante missão que lhes foi confiada.

– Nina, agora posso ver por dentro o que é este lugar. Agora posso enxergar a luz que me cegou por dentro. Eu achava que todos os meus problemas deveriam ser resolvidos pelos mentores deste centro espírita. Agora compreendo que se eu não estiver preparado para receber a graça, se eu não modificar meu coração, eles ficam impossibilitados de me ajudar. Quando Isabela morreu, o silêncio tomou conta deste lugar. Os mentores preferiram se afastar das reuniões. E eu entendi aquilo como um desleixo deles. Agora, vendo minha mãe sendo assistida por aquele anjo de luz a seu lado, compreendo que nunca estivemos sozinhos.

– Nós nunca estaremos sozinhos no Universo, Nicolas – diz Nina.

– Posso ver isso agora, Nina. Olhe aquele espírito que passa entre as fileiras. Agora posso perceber que todos que estão aqui dentro assistindo a esta reunião, na verdade, estão sendo assistidos pelos amigos de luz. Que lindo o trabalho deles!

A cena é realmente de tocar até o coração mais rude do Universo. Vários espíritos de luz transitam entre os assistidos dando-lhes passe. Alguns espíritos sopram o que parece uma névoa sobre as doenças que são nítidas aos olhos de Nicolas. Outros espíritos levitam sobre o lugar segurando nas mãos espíritos menos iluminados. Alguns choram ao reencontrarem-se com seus familiares que estão sendo assistidos naquela hora. Vários espíritos estão sentados num mezanino espiritual. São centenas de espíritos.

O lugar se enche de luz. Um lindo cigano se aproxima de Nina.

– *Buenas noches*, Nina!

– Boa noite, Rodrigo!

– *Buenas noches*, senhor!

– Boa noite! – diz Nicolas.

Rodrigo afasta e se aproxima de Paulo, que percebe a presença de seu mentor. O cigano levanta os braços espalhando sobre o lugar um fluido violeta. Todo o lugar se transforma. Um denso nevoeiro violeta toma conta do lugar. Podem-se ver unicamente os espíritos iluminados. Os assistidos ficam invisíveis aos olhos de Nicolas.

– O que é isso, Nina?

– Rodrigo trouxe o fluido da cura. Todos os assistidos agora vão respirar este fluido.

– Nossa, nunca pensei que fosse assim!

– Você ainda tem muita coisa para ver, Nicolas. Muita coisa para conhecer e muitas outras para relembrar.

– Nina, sempre fui um bom filho, bom irmão, bom namorado enfim, uma boa pessoa. Nunca fiz mal a ninguém, nem carne eu comia. Por que vocês estão me mostrando tudo isso?

– A vida do lado de cá é cheia de surpresas, nossas existências são milenares; portanto, há muita coisa a ser relembrada e descoberta. Carregamos em nós um arquivo das existências. Quando alguém chega à vida espiritual, a primeira coisa que quer saber é de sua origem e em que estágio o seu espírito está.

– Eu nem havia pensado nisso!

– As coisas aqui são gradativas; acho que você já ouviu isso.

– Sim, já pude perceber que aqui não há pressa para que as coisas sejam reveladas.

– Pressa para que, se somos espíritos eternos?

– Não havia pensado assim. Quanto tempo, em média, um espírito demora para descobrir tudo, Nina?

– Merecimento. O tempo é condicionado ao estado em que você chega aqui.

– Ah, entendi. Então quanto mais evoluído o espírito está, mais coisas ele se lembra?

– É mais ou menos assim. Na verdade, quanto mais evoluído está o espírito quando chega aqui, mais coisas lhe são acrescentadas. Justiça Divina.

– Méritos?

– Sim, merecimento. Dai a César o que é de César, lembra-se?

– Sim, Deus é justo.

– Isso, Nicolas, Deus é justo! Colhe-se na vida espiritual tudo aquilo que foi semeado na existência na Terra – diz Nina com firmeza.

Por algum tempo Nicolas fica calado. Nina não interrompe o silêncio do rapaz.

Reflexivo, Nicolas assiste a tudo calado. Ele sente orgulho de seus pais e de sua tão querida irmã.

A névoa começa a dissipar e os espíritos, um a um, começam a deixar o centro espírita.

O silêncio é quebrado por Nicolas.

– Nina, vou lhe confessar uma coisa:

– Diga, Nicolas!

– Agora posso compreender o amor de Deus. Vi aqui aquilo que nunca havia imaginado que ocorre em uma reunião espírita. Pude ver corações felizes e outros tantos amargurados pela inveja. Vi a ação dos espíritos iluminados que se dedicam a ajudar aqueles que são trazidos a este encontro por familiares que já estão na vida espiritual, mas que por amor se esforçam para que seus familiares venham ao centro espírita. Pude perceber nitidamente a diferença de um centro espírita para outro. Lá, de onde vim, vi espíritos auxiliando as pessoas por meio das energias emanadas da natureza. Aqui, vi que os espíritos, além de se utilizarem de elementos naturais, trazem consigo uma luz que extrapola meu conhecimento. Vi o amor verdadeiro, vi pessoas dedicadas a auxiliar não só os encarnados, mas vi principalmente o amor dos médiuns para com seus mentores. Fui um tolo quando deixei este ambiente de luz. Agradeço de coração a vocês por terem me trazido aqui, só agora percebo o quanto meus sentimentos mais fúteis interferiram em minha evolução. Obrigado, Nina, por essa oportunidade!

– Nossa intenção foi realmente lhe mostrar os dois lados da moeda. Você nasceu nesta família com a missão de auxiliá-la na tarefa espírita. Quando Isabela desencarnou, você não foi forte o suficiente para superar a perda temporária de sua amada. Logo você, como tantos outros, buscou refúgio onde não há paredes e muito menos teto de luz. A humanidade caminha para o grande encontro entre as trevas e a luz. Muitos, assim como você, se perdem em meio a seus sentimentos e buscam equilíbrio onde não há a verdadeira caridade. Só se evolui auxiliando o todo. Quando todos compreenderem que o amor é o único sentimento que a alma leva para a erraticidade, todos serão felizes.

– É, Nina, fui fraco, julguei, difamei, menti, me enganei...

– Deus perdoa o engano. Ele até perdoa quando Seu amado filho se desvia, levado pelas coisas moribundas do mundo. As drogas, a bebida, o vício, a maldade... Tudo aquilo que todas as almas já estão cansadas de saber. Mesmo assim, Ele permite que todos recebam uma nova chance, uma nova oportunidade; isso se chama amor.

– Agradeço muito a Deus por ter encontrado vocês.

– Nós é que nos sentimos orgulhosos em ter você por aqui.

– Nina, já está na hora de voltarmos à colônia – diz Felipe se aproximando.

– Vamos, Nicolas?

– Posso abraçar minha mãe?

– Sim, aproveite e abrace a todos.

Nicolas vai em direção à sua mãe e lhe dá um abraço carinhoso. Magda sente uma angústia no peito, uma saudade muito grande de seu filho que a abraça carinhosamente. Paulo sente a mesma angústia e é abraçado por Nicolas. Sorrindo, feliz e secando as lágrimas, Nicolas se dirige até Regina e a abraça carinhosamente.

Felipe se aproxima e pede a Nicolas para seguir com ele para a colônia.

– Venha, Nicolas, vamos...

Nicolas olha para todos com amor, junta as mãos à frente do peito e se curva reverenciando aquela casa espírita de luz. Outros espíritos que ainda estão no ambiente se viram e reverenciam o rapaz.

Uma forte luz branca invade o ambiente. Nina, Felipe e Nicolas voltam para a Colônia Amor e Caridade.

Após chegarem aos jardins da colônia, Nicolas agradece a Felipe e Nina a oportunidade.

– Nina, não sei muito bem os motivos que vocês têm para fazer tanta coisa boa para mim. Mas agradeço humildemente essa oportunidade.

– Como já lhe disse, nós é que agradecemos por tudo, Nicolas.

– Sabe, Nina, agora estou compreendendo muita coisa. Quando estava encarnado eu era cego. Agora tudo se descortina em minha mente. Eu começo a reconhecer a grandeza de minha alma. Quanta coisa ainda tenho para relembrar, reconhecer, descobrir e visitar! Imagino que o Universo inteiro está me esperando. E eu aqui, preso a sentimentos menores; as preocupações são desnecessárias quando reconhecemos que somos eternos. Tenho muito tempo agora, tenho a eternidade pela frente. Tenho todo o tempo do mundo para me redescobrir e encontrar-me com o meu Eu. Agora relembro das sessões de psicografia que havia no centro, e percebo que aquelas cartinhas que os familiares buscavam, ansiosos, são gotículas de conforto aos corações que ainda não enxergaram a grandeza de Deus. Agora posso sentir o quanto Ele me ama. O quanto Ele é grande e que Sua grandeza é infinita. Ficar preso a velhos hábitos, velhos livros, velhos ensinamentos é, na verdade, uma grande perda de tempo.

– Não, Nicolas, você não pode pensar assim – adverte Nina.

– Perdoe-me então, Nina, mas percebo que a humanidade está paralisada em conhecimentos. Chego a ficar triste.

– A humanidade está caminhando para o nirvana, Nicolas, não tenha dúvida disso – diz Felipe.

– Meu amigo Felipe, o nirvana é estar aqui ao lado de vocês. O nirvana é reconhecer-me como espírito eterno e desfrutar dessa maravilha chamada vida.

– Parabéns, Nicolas! – diz Nina.

– Se não fosse pelo desencarne eu ainda estaria preso ao meu corpo físico sofrendo com os vícios da Terra. Eu agradeço por estar aqui.

– A morte não é o fim, a morte é o recomeço, uma nova oportunidade. A morte é o começo de algo que não tem fim – diz Nina.

– Sim, Nina, o começo daquilo que não tem fim.

– Só quando estamos aqui é que compreendemos a importância do Ser – diz Felipe.

– Sua essência, não é, Nina?

– Isso mesmo, a essência do Ser.

– Agora, se vocês me dão licença, vou até o pavilhão central falar com Daniel, ele deixou um recado dizendo que precisa falar comigo.

– Vá, Felipe! – diz Nina.

– Obrigado, Felipe – diz Nicolas.

– Até mais tarde, amigos!

Nina também se despede de Nicolas e volta à enfermaria para cuidar das crianças. Nicolas segue para a capela central para orar e agradecer por tudo.

"As colônias espirituais ou cidades espirituais, como chamamos, são nossa próxima casa quando finalmente deixarmos a morada atual."

Osmar Barbosa

A revelação

Nicolas procura por Nina, mostrando-se novamente nervoso.

– Nina, Nina, posso falar com você? É urgente!

– Claro, Nicolas, mas vamos sair daqui – diz a jovem pegando Nicolas pelo braço e convidando-o a sair da enfermaria.

– Perdoe-me, Nina, mas estou com uma enorme angústia em meu coração.

– Venha, vamos para a varanda, Nicolas.

À frente das enfermarias há extensas varandas onde os trabalhadores tiram algum tempo para descansar e conversar.

Nina leva Nicolas a sentam-se em uma mesa redonda de cor branca onde há quatro cadeiras.

– Sente-se aqui, Nicolas, e me conte o que houve.

– Perdoe-me, Nina, mas é que eu estava deitado na enfermaria, na ala do repouso, e parece que sonhei uma coisa muito estranha; mas não era sonho, era algo muito real assim como uma lembrança, ou uma miragem, sabe? Sei lá, mas me pareceu uma viagem consciente, algo que eu nunca havia experimentado.

– Do que você se lembrou?

– Você se lembra daquele cigano que estava ao lado do meu pai no centro espírita? Aquele cigano de olhos azuis?

– Sim, o Rodrigo.

– Isso, ele mesmo, ele mesmo. Caramba, eu não me lembrava o nome dele.

– O que tem o Rodrigo?

– Eu tive uma visão com ele.

– E o que você experimentou nessa visão?

– Eu o vi e percebi que já o conheço. Acho que encontrei-me com ele muito tempo atrás.

– E o que tem isso?

– Eu não sei, estou um pouco confuso; porque ele era um garoto ainda, um menino; e tinha com ele uma menina um pouco menor que ele. Na verdade, essa menina era sua irmã. E ela chorava muito enquanto atacávamos o acampamento deles. Eu estava vestido como um soldado romano. Muitos morreram nesse ataque. Será que fiz isso, Nina?

– Na verdade, essa conversa nós temos que ter lá no gabinete do Daniel; vou pedir um atendimento com ele. Daí podemos ver isso com mais clareza.

– Mas Nina, se fiz uma coisa tão terrível como essa, não sou merecedor de estar aqui.

– Quando estamos na erraticidade, as coisas terríveis que porventura tenhamos praticado em nossas encarnações passadas são apagadas de nossa lembrança. Aquilo que não é útil para a nossa evolução não importa para a evolução do espírito. Em nosso arquivo pessoal não carregamos o que não foi útil para a nossa evolução. Mas se você está recordando isso, certamente teve alguma influência em seu estado atual.

– Então por que estou me lembrando disso? Por que as crianças choravam e pareciam apavoradas?

– Eu só poderei lhe responder isso na presença de Daniel. Ele, aqui em nossa colônia, é quem está mais capacitado para nos revelar certas coisas.

– E quando é que eu poderei saber isso?

– Hoje ainda. Vou falar com o Marques e pedir que agende um encontro com Daniel.

– Você vai fazer isso por mim?

– Sim, claro que sim!

– Veja bem, Nina, não quero atrapalhar! Mas estou muito nervoso com essa situação.

– Você não atrapalha, Nicolas; e procure manter a calma. Daniel vai nos explicar tudo.

– Isso não será uma grande bobagem da minha cabeça? Será que isso tem algum fundamento?

– Existem coisas que não podemos revelar a ninguém, Nicolas; existem coisas que vão se revelando sozinhas, daí termos que dar o apoio e os esclarecimentos necessários a quem acaba de chegar aqui.

– Vocês ficam só esperando a gente relembrar das coisas para conversar sobre essas coisas conosco?

– Sim, já lhe falei que as coisas aqui são gradativas, e disse também que tudo é merecimento. Nós não estamos aqui para interferir na sua evolução, estamos aqui para lhe auxiliar a evoluir.

– Caramba, obrigado, Nina!

– De nada, Nicolas.

Após o encontro, Nina procura Marques e lhe solicita uma reunião com Daniel, que é marcada para o final do dia.

Ansioso, Nicolas passa o resto do dia em meditação. Seu coração parece que vai sair pela boca. Ele aguarda ansioso o encontro. O que aquele menino, agora homem, tem a ver com a sua evolução?

"Deus concede oportunidades infindas para a nossa evolução."

Osmar Barbosa

A vida em outra vida

Todos estão à frente de Daniel. Nicolas está nervoso. Felipe, sentado ao lado de Nina, espera a chegada do amigo Rodrigo.

– Nina, será que o cigano Rodrigo* vai demorar?

– Não, Nicolas, ele já está vindo!

– Então, Nicolas, como foi a sua experiência no centro espírita? – pergunta Daniel.

– Transformadora, Daniel, transformadora! Eu nunca poderia imaginar que as coisas são assim em um centro espírita. Fiquei deslumbrado com o que vi.

– Que bom que você pôde ver a verdadeira intenção dos espíritos!

– Sim, pude perceber nitidamente que os espíritos estão tão-somente focados em auxiliar a humanidade a evoluir. O centro espírita é, na verdade, uma grande oportunidade que todos temos para evoluir.

– Isso mesmo, rapaz, evolução! Essa é a palavra por aqui.

– Sim, estou muito feliz de fazer parte dessa colônia. Eu ainda não consigo compreender muito bem tudo o que está acontecendo, mas tenho certeza que tudo isso é para me ajudar. E quero aproveitar para lhe agradecer, Daniel, por tudo isso. Eu estou muito contente com tudo.

– Nós é que ficamos lisonjeados com a sua presença – diz Daniel.

Três toques são ouvidos na porta principal da extensa sala.

– Entre, Rodrigo, entre – diz Daniel.

A porta se abre lentamente.

– Boas tardes, senhores – diz Rodrigo, entrando no ambiente.

Alto, cabelos longos cacheados, olhos azuis e pele clara, o jovem cigano impressiona por sua beleza. Ele veste uma calça justa cigana, bordada com fios dourados e uma camisa azul-clara com detalhes em renda branca e bota de couro, também branca.

– Sente-se, Rodrigo.

– Obrigado, Daniel.

Nicolas fica olhando fixamente para Rodrigo. Ele está impressionado com a beleza do rapaz.

– O que houve, Nicolas? – pergunta Nina.

– É ele mesmo! Ele era um menino quando o conheci. Nossa, esse olhar, seu Rodrigo, é marcante e inesquecível!

– Lembrou-se, Nicolas?

– Sim, Daniel, posso ver o Rodrigo, quando era menino, nitidamente em minha lembrança. Ele estava muito assustado e tinha ao seu lado uma menininha linda de cabelos negros e olhar profundo, assim como ele. Os olhos e os cabelos nada mudaram.

– Era a minha irmã Tirá – diz o cigano.

– Mas por que estou tendo essas lembranças? – insiste o rapaz.

– Nós já vamos lhe explicar, Nicolas. Sente-se e relaxe, que vamos voltar ao tempo onde tudo isso aconteceu – diz Daniel enquanto uma enorme tela, como aquelas de cinema, desce por detrás dele.

A luz do ambiente reduz à medida que a tela aparece. É uma tela fluídica pela qual todos irão poder assistir às vidas passadas de Nicolas.

– Nossa, que legal! – diz Nicolas.

O silêncio toma conta do lugar.

Na tela, começa a aparecer a imagem de uma caravana de ciganos em uma estrada de terra batida. Ao cavalgar, muita poeira se levanta. A cidade é Nevsehir, na Turquia, e o ano, 296 d.C.

O sábio e experiente cigano de nome Ruí coordenava a caravana de ciganos liderada e comandada por ele. Estavam seguindo em uma viagem de fuga da terrível epidemia de febre que assolou o centro-leste das terras turcas, então conhecida como região de Anatólia.

Seu rosto trazia um bronzeado incrustado pelo sol incansável das décadas vividas em meio ao desértico cenário turco. As rugas profundas pareciam se confundir com as fendas abertas no solo árido. Eram como linhas que traziam escritas ali sua história de vida. A cada sofrimento, um aprendizado. Cada perda, uma aula a mais na escola da vida. Cada dor, um passo na evolução. Cada lágrima, um caminho, uma descoberta. A cada gota de sangue cigano derramado, uma luta.

– Vamos, Rodrigo. Temos que seguir rapidamente. Precisamos chegar à próxima parada antes do anoitecer, que já ameaça a surgir no horizonte ao longe. Observe, meu filho.

– Sim, meu pai, vou galopar até o final da caravana para orientar o grupo que vem na retaguarda das fileiras.

– *Señores* cavaleiros, conduzam os cavalos *adelante*, não podemos perder nem mais um minuto. Precisamos de força máxima.

– Estamos indo, *señor*; estamos acompanhando. Vamos!

– Vamos, cavaleiros!

Nina olha para o lado e percebe que Rodrigo tem lágrimas nos olhos. Ela vagarosamente se levanta e senta-se ao lado do amigo cigano. Delicadamente, ela pega nas mãos de Rodrigo, que disfarça um leve sorriso para a tão querida amiga.

Daniel, serenamente, observa a reação de todos.

Felipe fica com os olhos marejados.

Nina sorri delicadamente, demonstrando saudades daquele tempo.

O acampamento está montado. Algumas ciganas dançam ao lado de uma fogueira. Rodrigo cuida dos cavalos na improvisada cocheira à beira de um pequeno riacho.

É noite e todos estão descansando em suas barracas. Ciganos e ciganas estão felizes.

Uma grande confusão se instala no lugar. Rodrigo volta correndo para saber o que está havendo.

Ruí, o líder da tribo e pai de Rodrigo, ordenará que todos arrumem suas coisas. Eles precisam deixar o lugar imediatamente. Todos já correram para finalizar os preparativos para a partida; Ruí vê que Rodrigo se aproxima e pega o garoto pelos braços e lhe pede para que ele cuide de sua irmã Tirá. Ele pede ainda que Rodrigo tome conta dela, não somente naquele momento, mas para todo o sempre. A preocupação estava visível no rosto de todos os ciganos, que apressadamente estavam reunindo seus humildes pertences e carregando tudo nas carroças.

Ruí orienta a partida de todos, indicando o caminho que deveriam seguir e como proceder, embrenhando-se em meio à mata que se localizava a leste do acampamento.

Uma das sabedorias que os ciganos dominam é a capacidade de movimentar-se sem deixar rastros. Ruí sabia que era justamente em meio à mata densa onde essa capacidade mais se sobressaía.

O primeiro grupo de mulheres mais idosas e crianças mais novas conseguiu partir e seguiu em meio à mata com um grupo de guardiões a cavalo. Muitos ciganos ainda se mantinham no acampamento, pois estavam terminando de juntar os mantimentos e amarrando as carroças com os pertences.

Ruí, nesse momento, estava em meio ao campo aberto onde se localizava o acampamento, onde anteriormente estava o que seria a praça central. Agachou-se, pegou um punhado de terra e parecia refletir sobre os mais recentes acontecimentos e sobre o que viria a acontecer, enquanto sentia cada grão se esgueirar por entre seus dedos. Rodrigo e Tirá intervieram junto ao pai.

– Vamos, pai, venha, vamos! É chegada a hora de partirmos.

– Rodrigo, obedeça-me e vá. Siga com os outros ciganos, vá e ajude a preservar o grupo de mulheres e crianças que já partiu e leve sua irmã. Faça o que lhe falei e garanta que o grupo torne-se invisível em meio à mata como tão bem sabemos fazer. Eu preciso aguardar que cada cigano parta em segurança.

– Sim, pai, claro!

– Vá agora, meu filho, e proteja sua irmã. Não deixe que nada lhe aconteça e não permita que toquem nela. Seguirei logo atrás de vocês.

Pegando-a pelo braço, Rodrigo puxa sua irmã para seguir o caminho por onde a fileira de carroças já havia desaparecido.

– Vamos, Tirá, venha! Vamos obedecer ao nosso pai.

Tirá insiste em agarrar o pai e puxá-lo para que, juntos, possam se esconder rapidamente.

– Vá, minha filha, logo estarei com vocês de novo. É meu dever ser o último homem a deixar o acampamento cigano, e é exatamente isso que farei. Fiquem tranquilos, que ficarei junto dos ciganos que terminam o recolhimento de pertences e não sofreremos perigo.

Rodrigo toma sua irmã e a puxa com seu cavalo. Tirá cede e, juntos, somem na mata.

Algum tempo depois, um grupo de soldados romanos comandados por Alexander se aproxima ao longe.

Ruí percebe que eles formaram uma fileira em uma formação que parecia ser de ataque. Avistou aquele que deveria ser o Comandante do grupo, que cavalgou diante de toda a fileira de cavalos e parecia proferir palavras de evocação da violência.

Ruí não se abateu. Permaneceu firme e avisou os ciganos que todos deveriam se preparar para a chegada dos soldados, pois conversaria com o Comandante para que todos partissem em paz, pois não queriam nenhum problema com ninguém.

Mas não houve oportunidade de conversa. Quando deu por si, os cavalos romanos já partiam a toda velocidade na direção dos ciganos, com lanças e espadas em riste. Atacaram sem piedade o restante do povo de Ruí que ficou recolhendo o acampamento. Sem chances de defesa, os ciganos foram todos assassinados cruelmente, de uma forma profundamente violenta e sangrenta. E um a um caiu mediante golpes certeiros das lanças e espadas dos soldados de Alexander. Gritos de pavor são ouvidos por todos. Inclusive as mulheres mais jovens, crianças e adolescentes que ficaram para ajudar os pais também foram brutalmente assassinadas.

Nicolas assiste a tudo calado. Nina, confiante, permanece ao lado de Rodrigo.

Alguns ciganos ainda buscam alguma forma de defesa em uma batalha desigual, já que estavam armados apenas com punhais. Ruí luta até o fim para defender seus amigos, mulheres e crianças da tribo. Foi um dos últimos a serem assassinados, o que se deu especialmente pelas mãos do imediato do Comandante.

De forma fria e impiedosa, Alexander assistia ao massacre dos ciganos com um sorriso cínico. Nem sequer conseguia disfarçar uma ligeira felicidade ao ver o sangue de inocentes sendo derramado no solo que antes servia de acampamento. Não se conteve e esbravejou de tal forma, que cuspia vorazmente enquanto gritava.

– Ciganos malditos morram todos, desgraçados! Esse é o destino de quem ousa me desafiar! Queriam entrar na Capadócia, vejam só. Malditos! – grita Alexander.

Ele prosseguiu orientando seus soldados, que nesse momento estavam ensanguentados da cabeça aos pés e empunhavam espadas e lanças não menos repletas de sangue dos ciganos brutalmente assassinados.

– E não se esqueçam de buscar por joias e ouro. Se houver algum deles escondido e ainda vivo, mate-o sem piedade.

Um soldado que ficara no caminho para vigiar a retaguarda do grupo galopou até Alexander a fim de alertá-lo sobre outro grupo que se aproximava do local onde estavam.

– Senhor, uma grande cavalaria está se aproximando deste local.

– Veja quem, diabos, são estes que têm a audácia de se aproximar de um pelotão de ponta do exército romano. Reforce a guarda e preparem--se para matar quem quer que seja.

– Mas senhor, acontece que são soldados como nós.

– Como assim?! Impossível, seu inútil! Nem para servir de vigia você serve. Suma da minha frente!

O outro grupo de soldados se aproxima do local e imediatamente inicia uma formação diferenciada, em que os cavalos se viram e se alinham em duas fileiras, uma de frente para a outra. Alexander fica profundamente intrigado e sem reação, apenas observando o desenrolar desta situação inusitada.

Nesse momento Nicolas abaixa a cabeça, colocando-a entre as pernas, e começa a chorar compulsivamente, envergonhado com o que está assistindo.

Daniel interrompe a transmissão. As luzes se acendem.

– O que houve, Nicolas?

– Sinto-me envergonhado do que fiz.

– Não se sinta, espere o desenrolar da lembrança.

– Eu me lembro desse dia.

– Do que é que você se lembra? – pergunta Daniel.

– Eu me lembro desse dia, lembro-me da carnificina que encontramos no lugar. Lembro-me de ter visto mulheres e crianças assassinadas pelos meus companheiros.

– Nina, traga um copo de água para o Nicolas, por favor – diz Felipe.

Nina se levanta e vai até uma pequena mesa sobre a qual há uma jarra com água e alguns copos cristalinos. Ela então enche um copo e traz para Nicolas.

– Beba, Nicolas, essa água vai lhe fazer bem – diz Daniel.

Nicolas toma o copo das mãos de Nina e bebe todo o líquido.

Logo ele fica mais calmo e Daniel pergunta se pode continuar a mostrar suas vidas anteriores.

– Perdoe-me, gente! Perdoe-me, Rodrigo!

– Vamos ver o restante da cena, Nicolas – diz o cigano.

Daniel recomeça as cenas.

As luzes se reduzem e eles voltam ao acampamento cigano.

Rodrigo e Tirá não conseguiram seguir junto ao primeiro grupo que partira. Eles retornaram um grande trecho e permaneceram escondidos na mata próxima ao local do acampamento, pois ainda aguardavam pelo pai. Porém, Hió, o cavalo de Rodrigo, estava muito nervoso e inquieto, pois conseguiu escutar tudo que havia ocorrido ao longe e começou a emitir barulhos que chamaram a atenção de um dos soldados de Jorge, que se aproximou e sussurrou ao seu ouvido.

– Senhor, ouço barulhos vindo da mata – diz Nicolas do alto de seu cavalo.

– Vá verificar, meu rapaz, imediatamente!

Nicolas e mais dois soldados são designados a fazerem uma busca na mata, próximo ao acampamento, e encontram Rodrigo e Tirá assustados que ainda tentam correr, mas são capturados.

– Deixe eu matar esse aí, Nicolas!

– Você está louco?!

– Olha como é linda a menina! – diz outro soldado.

– Ninguém toca nos dois!

– Você agora vai ficar protegendo ciganos, Nicolas?

– Se algum de vocês tocar no menino e na menina, juro que a minha espada vai chegar ao Comandante cheia de sangue.

– Ora, só queríamos nos divertir, só isso – diz o soldado romano.

– Só nos divertir, Nicolas – diz o outro.

– Não toquem neles – diz Nicolas, protegendo Rodrigo e Tirá.

– Obrigada, senhor, por nos proteger – diz Tirá.

– Venha, vou levá-los para o encontro com nosso General.

– Ele vai nos matar, senhor?

– Não, menino, ele é um homem bom, venham! – diz Nicolas, levando Rodrigo e Tirá que confiam no soldado e se acalmam.

– Chefe, nós achamos estes dois jovens escondidos juntos a este belo cavalo – diz Nicolas.

– Tragam-nos aqui! – diz o General.

Rodrigo e Tirá são levados próximo a ele, que fica impressionado com a beleza dos dois irmãos. Ambos estão desolados ao se depararem com o cenário desfigurado que se tornara o que antes fora o acampamento cigano. Tirá chora copiosamente ao presenciar tamanha crueldade e barbárie. Rodrigo a abraça para evitar que ela veja mais detalhes.

– Como é seu nome, jovem rapaz?

– Chamo-me Rodrigo, senhor, cigano Rodrigo. E esta é minha irmã Tirá, também cigana. Somos cristãos também.

– E por que vocês estavam escondidos na mata?

– Nosso pai é o líder deste grupo. Ele ordenou que eu fugisse com minha irmã. Mas depois de nos distanciarmos bastante, não conseguimos seguir mais. Resolvemos então não nos distanciarmos tanto e retornamos para ver o que estava acontecendo. Não sabíamos que ocorreria esse massacre tão cruel, senão eu teria feito algo. Sinto-me tão culpado por ter partido – Rodrigo proferiu essas palavras com lágrimas escorrendo em seu rosto. Estava inconsolável.

– Vocês estão doentes? – pergunta o General.

– Não, senhor, estamos todos muito saudáveis.

– Ninguém de seu grupo ou tribo, como chamam, estava doente?

– Não, senhor. Se há algo que sabemos bem é como cuidar dos nossos, com ervas, atenção e carinho. Se houvesse algum cigano enfermo, saberíamos e eu o informaria neste momento.

– Guardas! Prendam Alexander por assassinato e todos estes que, com ele, cometeram essa atrocidade desumana. Desarme-os.

Os guardas se movimentaram para prender Alexander, que não relutou. Sentindo muito ódio em seu coração, Alexander começava já ali a planejar sua vingança. O General então se dirigiu a Rodrigo e Tirá para acalmá-los.

– Vocês podem ficar comigo e me acompanhar. Eu lhes prometo que nada de mal vai acontecer a vocês. Fiquem calmos.

– Nós podemos ver o nosso pai, senhor?

– Sim, podem sim.

– Venha, Tirá, vamos procurar nosso pai.

Após caminharem alguns metros, os irmãos Rodrigo e Tirá encontram o corpo de seu pai, o líder cigano Ruí. Abaixaram-se, e abraçados ao corpo de Ruí, choraram e lamentaram a morte do pai. Rodrigo, vendo que nada podia fazer, tentou consolar sua irmã que chorava compulsivamente sobre o corpo do pai.

– Vamos fazer uma oração, Tirá. Papai está aqui próximo de nós e vai precisar que o ajudemos a prosseguir seu caminho em paz.

Em um ato cristão, o General aproximou-se dos dois, ajoelharam-se todos e, juntos, proferiram uma oração em homenagem a Ruí, buscando auxiliar a esta incrível e intensa alma cigana a seguir sua caminhada espiritual nos planos superiores.

Todos os soldados se ajoelharam também, e o General da Capadócia proferiu uma linda e emocionante oração para todos os mortos daquele triste dia. Um momento de luz recaiu sobre o clima de trevas que aquele território vivera horas antes. Havia corpos mutilados e um fogo ardente que ainda terminava de destruir as carroças. Os fétidos odores de madeira e carne queimada adentravam os olfatos e contribuíam sinestesicamente para um clima de desolação absoluta.

O General então ordenou que uma grande fogueira fosse armada e que todos os corpos fossem queimados ali mesmo, como era a tradição dos cristãos daquela época. Rodrigo então juntou, com as mãos pequenas de uma criança, as cinzas de seu povo e perguntou ao General:

– Senhor, posso levar essas cinzas comigo?

– Sim, meu rapaz, claro, pode levar!

– Obrigado, senhor!

Alexander, amarrado e vigiado por dois soldados, não se conformava em ver aquelas cenas melancólicas.

– Esse chefe de fileiras é louco, olhem só! Fazendo oração com essa gente... Ele agora se diz convertido a esse tal cristianismo, ele é mais um desses que dizem seguir esse tal Jesus de Nazaré. Mas não perde por esperar. Assim que chegar à Capadócia, pedirei audiência com o Imperador e relatarei todo o ocorrido neste dia. Tudo! Desgraçado! Envergonhando-me na frente dos meus soldados. Você não perde por esperar. Cristãos miseráveis!

Nicolas sente-se aliviado e percebe que está ligado à colônia por muito tempo. Feliz, levanta-se e abraça carinhosamente o cigano Rodrigo.

– Eu esperava um dia lhe agradecer por ter salvado minha vida e a de minha irmã naquela encarnação. Você foi digno e respeitoso conosco. Obrigado, Nicolas – diz Rodrigo, emocionado.

– Poxa, Rodrigo, lamento pelo ocorrido, infelizmente eu só me lembro desta cena, deste momento; eu gostaria de ter salvado também o seu pai.

– Meu pai, naquela encarnação, cumpriu sua jornada terrena.

Hoje, ele trabalha aqui em Amor e Caridade, e você pode visitá-lo quando quiser.

– Olha, que bom! E onde ele trabalha?

– Nas estrebarias. Ele cuida dos cavalos que utilizamos nas terapias com as crianças – diz Nina.

– Vou visitá-lo. Claro, se me for permitido – diz Nicolas.

– Aqui em Amor e Caridade, tudo lhe é permitido, Nicolas – diz Daniel. – Definitivamente vocês precisam compreender que tudo é permitido ao espírito. Se Ele proibisse os espíritos de experimentarem tudo, a evolução seria muito lenta.

– O que retarda a evolução do espírito é a falta de fé em si mesmo – diz Felipe.

– Quando todos os espíritos perceberem o que são, tudo ficará mais fácil – diz Rodrigo.

– E por que é assim? – pergunta Nicolas.

– Pela liberdade. Tudo é pela liberdade de fazer, agir e compreender. Quando todos os espíritos passarem a acreditar que Ele é a fonte única e imutável de amor, tudo ficará mais fácil – diz Daniel.

– Veja, Nicolas, que você entrou em desespero ao ver ou perceber que poderia ter feito algo terrível naquele massacre à tribo de Rodrigo. Tivemos até que interromper o que estávamos lhe mostrando.

– Perdoe-me, Daniel. Realmente achei que tivesse participado daquela tragédia.

– Isso ocorre com você e com todos os espíritos. Este livro, por exemplo, traz revelações importantíssimas para a evolução de todos, mas muitos lerão e simplesmente acharão que é mais um livro. Outros, no entanto, receberão essa revelação e logo irão colocar em prática as transformações necessárias para o aprendizado da vida após a vida. Tudo o que está neste livro é real, e nós sabemos disso. É assim que Ele faz acontecer.

– Lentamente, não é, Daniel?

– Sim, Nicolas, lentamente.

– Para que ter pressa, se temos uma eternidade pela frente?

– É verdade, Nina – diz Felipe.

– O tempo é o prêmio que todos nós temos para nos ajustar. Não importa quando, decerto que todos chegarão ao nirvana – diz Daniel, serenamente.

– Fico muito feliz, Rodrigo, em fazer parte de sua vida.

– Nós também, Nicolas – diz Nina.

– Rodrigo, você me falou de seu pai; você me disse que ele está aqui na colônia. E onde anda sua irmã?

– Tirá está em outra dimensão, em outra colônia – responde Rodrigo.

– E você pode vê-la?

– Sim, nos encontramos sempre. Ela decidiu seguir com o seu amado Jorge.

– Olha que legal! – diz Nicolas.

– Tirá é minha grande companheira nos resgates de crianças – diz Nina.

– Ela trabalha com você, Nina?

– Ela coordena os resgates das crianças. Ela é quem envia os missionários de luz para os resgates mais dramáticos de crianças que desencarnam, vítimas de violência, maus-tratos, acidentes e outras tragédias que envolvem crianças.

– Digno esse trabalho – diz Nicolas.

– Minha irmã, minha eterna irmã, é o meu orgulho – diz Rodrigo.

– Eu gostaria de aproveitar esta reunião e perguntar-lhes sobre a minha amada Isabela. Eu já pude experimentar muitas sensações aqui com vocês, pude visitar minha família, abraçar meus amigos, revi meus familiares, visitei outras colônias, visitei centros espíritas, mas ainda falta saber onde está Isabela.

Daniel olha fixamente para todos e sugere:

– Vamos visitar Isabela?

Nina esboça um sorriso e diz:

– Será que ela quer receber o Nicolas, Daniel?

– Eu creio que sim, Nina.

– Vocês estão de brincadeira comigo, não é?

Risos.

– Não temos tempo para brincadeiras aqui, Nicolas. Eu já lhe disse isso – adverte Felipe.

– Perdoe-me, Felipe, mas como assim? Ela quer me receber?

– Isabela é um espírito muito importante onde está. Precisamos entrar em contato com ela e saber se ela dispõe a lhe receber, Nicolas. Infelizmente é assim que as coisas funcionam aqui.

– Nina, fiquei um tanto confuso agora – diz Nicolas.

– Por que? – pergunta Felipe.

– Vocês acabaram de dizer que tudo podemos, somos livres. Vocês disseram que posso transitar livremente por onde quiser. E agora me dizem que precisam da permissão de Isabela para me receber... Estou confuso.

– Você pode tudo, eu posso tudo, Isabela pode tudo. Você pode procurar, mas pode não encontrar. Eu posso não querer encontrar você, daí você não vai me achar. Não há espíritos espertos aqui. Aqui existe uma ordem natural que se chama desejo. Se eu desejar e o Felipe, por exemplo, desejar, também nós poderemos realizar o nosso desejo. Mas se eu desejar e o Rodrigo não compartilhar da mesma vontade ou do mesmo desejo, isso pode não acontecer.

– Entendi, tem que haver a vontade de ambos.

– Isso, ela tem que permitir que você se aproxime dela. Lembre-se, somos livres.

– Compreendo agora, Nina. Obrigado!

– Vamos entrar em contato com ela e perguntar se deseja lhe encontrar.

– Mas onde ela está?

– Em outra colônia.

– Deixe-me lhe explicar uma coisa, Nicolas – diz Daniel.

– Sim, Daniel.

– Existe uma hierarquia aqui na vida espiritual. Os espíritos mais evoluídos habitam esferas mais sublimes; os menos evoluídos habitam esferas menos evoluídas. Assim é a lei.

– Justiça divina, não é, Daniel?

– Sim, não é justo habitarem o mesmo lugar o criminoso e sua vítima. Portanto, os mundos espirituais são separados por vibrações espirituais.

– Isso eu estudei muito lá no centro espírita – diz Nicolas.

– Portanto, você tem que compreender que há lugares no mundo espiritual que você, eu, a Nina, o Felipe e o Rodrigo só poderemos entrar se formos convidados. São assim as coisas aqui. Não pense que você vai morrer e sentar-se ao lado de Jesus!

– Eu pensava que era assim, pois é assim que ensinam na igreja.

– Pois é... ledo engano, amigo! Temos milhares de espíritos que se dedicaram exclusivamente a fazer o bem e nem por isso se sentaram ao lado de Jesus.

– O que é preciso então, Daniel, para me sentar ao lado dele?

– Evoluir. Evoluir muito!

– Compreendo.

– Todos estamos no mesmo navio, Nicolas. Quando a humanidade compreender que todos precisam remar na mesma direção, tudo ficará mais fácil – diz Rodrigo.

– Será que um dia isso vai acontecer, Rodrigo?

– Estamos caminhando nessa direção, e Ele que tudo sabe e tudo vê, nos auxilia a todo momento.

– Eu acredito. Aliás, agora experimento uma nova realidade em meu ser.

– Que bom que você entendeu, Nicolas!

– Obrigado, Nina!

– O que faço agora?

– Vou entrar em contato com a colônia onde ela está e lhe aviso – diz Daniel.

– Obrigado, Daniel.

– Senhores, se me permitem, tenho muito trabalho a fazer – diz Rodrigo, se levantando.

– Vamos cuidar das coisas – diz Nina, também se levantando.

– Bom trabalho para todos! – diz Daniel se levantando e estendendo a mão para cumprimentar a todos.

– Obrigado, Nina; obrigado, Daniel! Obrigado a todos por mais esta oportunidade! – diz Nicolas.

* A história do cigano Rodrigo você encontra no livro *Gitano – As Vidas do Cigano Rodrigo*, do mesmo autor.

"Quando todos nós nos aceitarmos como espíritos eternos que somos, o materialismo que existe na Terra deixará de existir."

Osmar Barbosa

Colônia do Moscoso

A Colônia do Moscoso encontra-se na parte centro-leste do Espírito Santo. Esta comunidade, em formato de retângulo e com características orientais, foi fundada por Moscos – povos que habitavam o Mar Negro e o Mar Cáspio. Nela, há prédios em formatos orientais, ruas e pequenas vilas de casas, além de lagos e pequenos barcos onde os espíritos ficam a passear nos horários de descanso.

A Colônia do Moscoso desenvolve técnicas que auxiliam o espírito, quando de seu desencarne, a desenvolver a autodescoberta como essência divina. Aqui, as terapias de relembranças são intensas. Muitos dos espíritos embrutecidos pelo véu da ignorância são trazidos para esta colônia. O amor é a essência de tudo no Moscoso.

Isabela é uma das mentoras espirituais desta colônia. Ela é quem cuida dos recém-chegados. O departamento por ela dirigido é o que dá as boas-vindas aos espíritos que ali chegam, principalmente as crianças.

Marques foi encarregado por Daniel a procurá-la para saber da possibilidade do encontro com Nicolas.

Após esperar por algum tempo na antessala de atendimento, Marques finalmente é recebido por Isabela.

– Bons dias, senhora!

Isabela é alta, cabelos loiros, olhos azuis, pele branca – um verdadeiro anjo de luz. Ela está elegantemente vestida com uma túnica azul que lhe cobre todo o corpo. Na cabeça, um lindo colar de pérolas lhe enfeita a testa. Algumas pérolas se perdem dentro de seus longos e cacheados cabelos. A beleza é seu ponto forte.

– Bom dia, Marques! Como tem passado?

– Estamos todos bem em Amor e Caridade, Isabela; e você, como vai?

– Estou bem, querido Marques, muito bem! Eu já sei o que lhe traz aqui – diz a jovem que aparenta vinte anos de idade.

– Sim, o Nicolas desencarnou, e ele está à sua procura. Ele está conosco.

– Eu sei, eu sei – diz a jovem mostrando-se preocupada.

– O Daniel me pediu que viesse até aqui para conversar com você sobre a possibilidade desse encontro. O Nicolas deseja muito lhe encontrar!

– Daniel... Sempre tentando apagar os incêndios!

– A bondade de Daniel extrapola todos os limites, Isabela – diz Marques.

– E é por isso que ele tem tanta luz.

– É verdade!

– Marques, o que eu e Nicolas vivemos ainda permanece aceso em meu coração. Só não sei se esta é a hora certa para este encontro.

– Isabela, no processo de reencontro consigo mesmo o Nicolas precisa lembrar-se de vocês. Nós já o levamos a muitos lugares e a reviver diversas experiências. Agora nos resta incluir você para que ele recupere totalmente as suas lembranças.

– Eu sei disso, Marques. O problema não é ele.

– Então se me permite perguntar, qual é o problema?

– Muita coisa nos envolveu. Não foi fácil para mim superar o que ele me fez.

– Mas vocês estiveram juntos na última encarnação. Isso não foi o suficiente para o ajuste final?

– Marques, eu é quem fui ao socorro do Nicolas. O que passamos juntos fez parte de minha recuperação espiritual. Eu precisava estar ao lado dele e desencarnar da forma que desencarnei.

– Sim, acompanhamos isso bem de perto.

– Pois é, Marques, embora eu tenha suportado a prova com humildade, ainda não me recuperei.

– Mas você está tão distante dele, quer dizer você está tão mais evoluída que ele. Por que não o perdoa?

– Não é questão de perdoar.

– Então o que é, Isabela?

– Eu vou lhe pedir uma coisa.

– Sim, pode pedir.

– Diga a Daniel que assim que estiver preparada para o encontro, apareço em Amor e Caridade. Diga-lhe que é preciso que mais uma coisa aconteça para que eu esteja preparada para encontrar-me com Nicolas.

– E o que eu digo a ele?

– Diga-lhe que em breve vou procurá-lo. Diga que estou bem.

– É isso que você quer que eu faça?

– Sim, Marques, por favor! Faça isso por mim.

– Pode deixar, Isabela.

– Agora venha comigo, quero lhe mostrar uma coisa.

– Para mim?

– Sim, tenho uma surpresinha para você, meu amigo!

– Vamos sim – diz Marques levantando-se.

"O que será que o Daniel me aprontou desta vez?", pensa o nobre espírito caminhando ao lado de Isabela.

Lindos jardins orientais enfeitam o lugar. Há um lindo e grande galpão forrado com telhas lilases e uniformes. As paredes são feitas de bambu amarelado.

Marques se encanta com a beleza do lugar.

– Vocês fizeram obras aqui, Isabela?

– Sim, foi necessária uma expansão dos galpões para recebermos um maior número de irmãos.

– Ficou bem legal!

– Obrigada, Marques! Que bom que você gostou!

– Que mal lhe pergunte, para onde estamos indo?

– Para a enfermaria número seis.

– O que iremos fazer lá?

– Eu recebi um paciente e gostaria de lhe apresentar.

– Será um prazer, Isabela.

– Mas antes podemos nos sentar aqui? – diz a jovem indicando um banco embaixo de uma linda pérgula coberta por buganvília roxa.

Isabela senta-se e Marques senta-se a seu lado.

– Marques, antes de entrarmos na enfermaria, quero lhe mostrar uma coisa, posso?

– Sim, claro que sim, Isabela.

Em um gesto com as duas mãos, Isabela plasma à frente deles uma tela, e ali começa a mostrar a Marques um encontro entre ele, Nina e Felipe.

A cena é mostrada, e Marques relembra do encontro. Ele está sentado no lugar aonde Felipe chegou do Umbral. Ele, Felipe, Rodrigo e Nina estão conversando, é quando ele pede a Nina que todos façam uma oração pelo seu irmão Lúcios*, que está em um presídio energético no Umbral.

Os olhos de Marques ficam marejados.

– Você se lembra desse dia, Marques?

– Todos os dias visito esse mesmo lugar para orar pelo resgate do meu amado irmão.

– Você se lembra que pediu à mentora espiritual de sua colônia para livrar seu irmão do exílio?

– Sim, eu oro até hoje. Sem respostas.

– Então você está preparado para o encontro?

– Não acredito, meu irmão está aqui?

– Sim, Marques, venha comigo, vamos à enfermaria.

A tela é desfeita e Marques se levanta rapidamente, ansioso para se encontrar com Lúcios.

– Vamos! – diz Isabela, feliz.

Marques não consegue conter sua alegria e sorri para Isabela.

Emocionado, Marques adentra a enfermaria onde Lúcios dorme o sono da recuperação. A seu lado está Hermínio lhe aplicando um passe de refazimento.

Marques se aproxima e começa a chorar de alegria ao saber que seu irmão foi resgatado e está sendo assistido pela Colônia do Moscoso.

Isabela se aproxima e abraça o amigo. Falando baixinho, ela diz:

– Suas preces foram atendidas, Marques.

Sem mesmo conseguir falar, Marques balbucia.

– Muito obrigado, Isabela!

– Não me agradeça, agradeça à mentora espiritual de sua colônia, pois foi ela quem nos permitiu esse resgate.

– Quando é que ele vai acordar?

– Dentro de alguns dias. Nós o tiramos de uma região muito densa do Umbral. Ele precisa ser cuidado.

– Obrigado, querida amiga!

– Daniel me pediu que lhe dissesse isso.

– Daniel sempre aprontando suas bondades conosco.

– Ele mandou lhe dizer que perseverar na fé nunca é demais. E que o Lúcios só pode ser salvo graças ao seu amor por ele.

– Eu e Lúcios lutamos muito quando estávamos encarnados. Eu, particularmente, lutei muito para que ele deixasse as drogas. Passei noites a fio procurando pelo meu amado irmão nas favelas, nas gafieiras, nos clubes de orgias, pois este era seu modo de vida.

– Agora tudo passou e assim que ele acordar eu lhe aviso para que você possa vir visitá-lo, querido Marques.

– Obrigado, Isabela, mais uma vez. Nossa, como estou feliz!

– Marques, vou voltar aos meus afazeres; fique o tempo que quiser aqui. E avise ao Nicolas que em breve ele receberá notícias minhas.

– Pode deixar que aviso sim, obrigado!

– Tchau, querido! – diz a mentora despedindo-se de Marques.

– Obrigado, Isabela!

Assim a jovem tarefeira volta ao seu trabalho. Após algum tempo ao lado de Lúcios, Marques decide voltar para a Colônia Amor e Caridade; e chegando lá, ele vai diretamente ao gabinete de Daniel agradecer por tudo.

– Olha quem chegou!

– Daniel, você sempre me aprontando, não é?

– Você merece muito mais do que isso, Marques – diz Daniel abraçando o amigo.

– Obrigado pelo Lúcios!

– De nada. Mas como disse Isabela, foram suas preces que possibilitaram o resgate de Lúcios.

– Obrigado mais uma vez!

– Isabela... O que ela decidiu sobre o Nicolas?

– Ela me pareceu insegura. E mandou avisar que assim que estiver preparada para o encontro ela aparece aqui.

– Então vá e avise o Nicolas que ele tem que aguardar Isabela.

– Eu acho que ele vai ficar um pouco chateado com isso, Daniel.

– Colhe-se na vida espiritual aquilo que foi semeado na vida material, explique isso a ele.

– Pode deixar – diz Marques.

– Agora vá e converse com ele.

– Sim, senhor. Obrigado mais uma vez, Daniel.

– Vá, Marques, vá!

*A história de Lúcios você pode ler no livro *A Batalha dos Iluminados*, do mesmo autor.

"Há na vida espiritual as chances necessárias à sua evolução."

Osmar Barbosa

Ao encontro da luz

Após alguns meses...

– Olá, Nicolas!

– Oi, Rodrigo!

– Como está?

– Triste, meu amigo, muito triste!

– Mas por quê?

– A Isabela disse que iria me procurar e até hoje nada. Eu já não suporto mais ficar aqui sem fazer nada. Embora eu esteja trabalhando bastante ajudando o Felipe e seu pai, sinto um vazio muito grande dentro de mim.

– Você não tem ajudado a Nina também?

– Tenho, mas confesso criança não é meu forte.

Risos.

– Não ria de mim, Rodrigo.

– Vou fazer o seguinte: conversarei com a Nina e se ela permitir e liberar você da tarefa com as crianças, sugerirei que você trabalhe conosco nas casas espíritas. O que acha?

– Você está falando sério?

– Sim, precisamos de soldados por onde andamos!

– Nem brinca com uma coisa dessas, Rodrigo.

– Meu amigo, aqui não temos tempo para brincadeiras.

– Eu já ouvi isso – diz Nicolas.

– Posso ir com você para falar com a Nina?

– Claro que sim, vamos!

– Agora?

– Sim, vamos!

– Sim, vamos agora!

Risos.

– Calma, meu rapaz! Venha, vamos andando! Não volite.

Risos.

Após caminharem até as enfermarias, finalmente eles se encontram com Nina.

– Oi, Nina!

– Oi, Nicolas!

– O Rodrigo está vindo aí e quer falar uma coisa com você.

– Onde ele está?

– Está vindo aí, é que estou um pouco ansioso, daí vim na frente.

– Então acalme-se e sente-se, Nicolas, vamos esperar pelo Rodrigo.

– Olha, ali está ele.

– Olá, Nina!

– Oi, Rodrigo. Sente-se, meu amigo.

– Obrigado, Nina – diz Rodrigo sentando-se.

Ansioso, Nicolas senta-se ao lado aguardando o amigo cigano falar.

– Então, Nina, estamos precisando de guardiões para as casas espíritas que estamos fundando. Pensei se você poderia deixar o Nicolas trabalhar conosco, auxiliando-nos nas reuniões que são realizadas nessa nova casa que está sendo fundada.

– Mas ele me é tão útil aqui com as crianças!

– Eu sei, Nina, que sou importante aqui com as crianças, mas confesso que não estou feliz – diz Nicolas.

– Ah, se você não está feliz, pode fazer o que quiser, Nicolas.

– Eu posso então auxiliar o Rodrigo nas casas espíritas?

– Claro que sim – diz Nina, sorrindo.

– Nossa que bom! Vou poder ajudar ainda mais pessoas.

– Não pense que o trabalho de um guardião é fácil, porque não é não, Nicolas.

– Eu já fui um soldado, um fiel soldado romano. Tenho dentro de mim as lembranças das batalhas que travamos. Sei me defender e certamente saberei defender aqueles que trabalham para o bem de todos.

– Lindo pensamento, Nicolas – diz Nina.

– Então estamos combinados. Amanhã levo você para a reunião do centro espírita onde irá trabalhar como guardião.

– Será um prazer ajudar, Rodrigo.

– Então vamos – diz o cigano.

– Obrigado, Nina, por sua compreensão – diz Nicolas.

Nina se levanta e toma em suas mãos as mãos de Nicolas e diz:

– Tenho certeza, Nicolas, que a tarefa agora a você confiada será, sem dúvida, a mais linda tarefa dada a um espírito em busca de sua própria luz. Aproveite bem esta oportunidade e transforme o pouco de dúvidas que há em você em fé. A fé que nos eleva aos olhos do Criador.

– Guardarei estas palavras dentro do meu coração, Nina.

– Vamos – diz o cigano. – Até breve, Nina!

"O amor é o único sentimento que nos diferencia e nos eleva à vida espiritual."

Nina Brestonini

O Reecontro

A sessão espírita está por começar. O centro espírita é novo, acaba de ser construído com muito esforço de todos os membros daquela que é uma linda casa de caridade.

Aproximadamente quinhentas pessoas estão presentes. Crianças brincam em uma sala construída especialmente para evangelizá-las.

Todos estão muito felizes.

Logo o palestrante convidado começa sua palestra. Ele, ilustre convidado, agradece a todos os presentes encarnados e desencarnados.

O número de espíritos trazidos para assistir a esta inauguração passa de mil. Espiritualmente, foi providenciada uma galeria fluídica de onde os espíritos assistem a todo o trabalho.

Rodrigo procura por Nicolas na colônia.

– Marques, você sabe onde está o Nicolas?

– No oratório.

– Obrigado.

Após caminhar em direção ao oratório, Rodrigo se encontra com Nicolas.

– Olá, Nicolas!

– Oi, Rodrigo!

– Hoje será o seu primeiro dia como guardião de uma casa espírita.

– Eu estava aguardando ansiosamente este dia.

– Você está preparado?

– Sim, o Caboclo Ventania me passou todas as instruções.

– Que bom! Então vamos!

– Vamos sim.

– Eu lhe peço que volitemos até chegar ao centro espírita.

– Sem problemas, eu sei volitar.

– Então vamos!

Rodrigo conduz o aprendiz Nicolas, ambos sobrevoando o planeta, até se aproximarem da casa espírita. E ao sobrevoarem a cidade destino, Nicolas fica curioso com o que vê e pergunta a Rodrigo:

– Rodrigo, o que são esses pontos de luz que vemos abaixo?

– São as verdadeiras casas espíritas. São lugares onde há realmente a luz da verdade e do amor. É nessas casas que Jesus permite aos bons espíritos realizarem curas espirituais.

– Mas são tão poucas!

– Sim, infelizmente são poucas as casas espíritas que fazem um trabalho sério.

– Caramba, eu que pensei que todas as casas espíritas estivessem certas.

– Olhe que onde há luz, há diversos obsessores tentando entrar.

– Nossa, são milhares mesmo!

– É uma cena lamentável. Quantas oportunidades jogadas fora, quando tempo perdido! Agora o desespero toma conta desses espíritos que não conseguem ascender-se para a luz.

– E o que vai acontecer com eles, Rodrigo?

– Ficam por aí vagando, tentando a qualquer custo entrar onde há luz.

– Eles vivem na escuridão?

– Você não está vendo? Olhe, veja quantos espíritos estão desesperados para encontrar-se com a luz. Imagina viver na escuridão para sempre.

– É verdade, eu não havia pensado nisso.

– Pior que esses espíritos que ficam a vagar na escuridão são os dirigentes inescrupulosos e os médiuns de mau caráter, aqueles que recebem diversas oportunidades e se deixam perder pela obsessão, pessoas que tentam ofuscar a luz da verdade.

– Quer dizer que aqueles espíritos que agora estão na porta da casa espírita assediam os dirigentes e médiuns?

– A todo tempo eles tentam destruir as obras do bem. E isso dá um trabalhão para nós.

– A luta do bem contra o mal, é isso?

– Desde que o mundo é mundo, Nicolas, o bem e o mal travam uma difícil batalha.

– Minha avó sempre dizia: guarde dentro de si os mais nobres sentimentos e não dê oportunidade aos pensamentos negativos, pois se você algum dia permitir-se pelo mal o mal nunca mais sairá de dentro de você.

– É um belo pensamento, Nicolas – diz Rodrigo.

– E como é que nós vamos entrar, Rodrigo?

– Não se preocupe, Nicolas, eles morrem de medo de nós!

– Mas por que eles têm medo de nós?

– A nossa luz os incomoda.

– Entendi!

– Venha, vamos nos aproximar.

Assim Rodrigo e Nicolas adentram as instalações do centro espírita sem serem incomodados pelos espíritos que cercam o lugar.

O palestrante profere palavras de conhecimento e amor. O evangelho de Jesus é pregado de forma inteligente. Todos estão felizes. E o orador prossegue:

– Deus nos dá oportunidades diárias de arrependimento. Quando praticamos alguma coisa ruim, todos nós podemos sentir dentro de nosso peito uma angústia, é como se algo nos dissesse: volta lá e pede perdão, não faça isso. Mas quando agradamos a Deus praticando algum ato de amor e caridade, podemos sentir dentro de nosso peito uma alegria inexplicável. Um orgasmo de alegria que transborda nosso coração em felicidade.

Assim a humanidade caminha a passos firmes para a evolução. Arrependei-vos enquanto é tempo. Alimentai o que há de melhor em seus coração.

Desprenda-se das coisas materiais, pois coisas materiais pertencem ao mundo e com o mundo ficarão.

Sua vestimenta espiritual é o que de mais importante tens na terra.

És o que praticas.

És o que exercitas ao trabalho do bem.

És o objetivo de Deus que te deixou viver aqui, para experimentar o bom e o amargo.

Assim sendo, meus queridos irmãos e irmãs, não deixem que o mal seja vencedor onde o bem deve predominar. Uma abelha sozinha não consegue produzir muito mel, mas várias abelhas juntas produzem uma colmeia.

A casa espírita que agora fundamos tem o objetivo mais nobre que possa existir na Terra. O objetivo deste lugar é divulgar o amor, ensinar o amor, exercitar o amor. E como colhemos aquilo que plantamos... eu desejo que essa casa de luz colha em quantidade tudo aquilo que semear entre os filhos de Deus.

Que Deus esteja com todos.

Que assim seja – todos dizem.

A presidente da casa, emocionada, entrega um ramo de flores ao ilustre convidado. Todos aplaudem.

A reunião se inicia.

– O que eu faço agora, Rodrigo?

– Venha comigo, vamos até o portão.

Nicolas segue Rodrigo até o portão do centro espírita. Ele se assusta com a quantidade de obsessores que aguardam suas vítimas do lado de fora do centro espírita.

– Esses obsessores não vão embora não, Rodrigo?

– Eles estão esperando por seus obsidiados.

– Como assim?

– São espíritos que obsidiam outros espíritos.

– Isso eu sei. Mas como assim, eles ficam aqui esperando pelos seus assistidos, é isso?

– Isso, você usou o termo certo. Assistidos.

– Mas nós não podemos ajudar?

– Só podemos ajudar a quem deseja realmente ser ajudado. Muitas dessas pessoas que estão lá dentro, na verdade, não estão aqui à procura de ajuda.

– Ué, então o que elas vêm fazer aqui?

– Estas pessoas que continuam sendo obsidiadas por esses espíritos que estão aqui fora lhes esperando, em sua maioria, não acreditam no espírito. Elas estão aqui por modismo ou até mesmo porque não têm nada para fazer hoje. Elas vêm aqui em busca de adivinhação, em busca de quererem saber coisas que nem nós mesmos sabemos explicar. São pessoas que acham que o espiritismo é diversão, que o espiritismo é adivinhação.

– Meu Deus! Eles estão jogando fora essa oportunidade?

– Não só os visitantes, mas também muitos médiuns se tornam espíritas preocupados em resolver seus problemas materiais e pessoais; muitos pseudomédiuns só estão aqui preocupados com seus problemas.

– Mas nós vamos permitir isso?

– Todos têm o livre-arbítrio, inclusive nós!

– Então quer dizer que se eu decidir interferir, isso será problema meu?

– Exatamente, e é por isso que quando estamos na condição atual, não interferimos na vida de ninguém, pois sabemos que cada interferência nossa vai gerar um débito a ser pago mais à frente.

– Então quer dizer que aquelas consultas feitas no centro da minha avó eram furadas?

– Basta você olhar o que restou para sua avó, seu avô e seu tio.

– Quer dizer que agora eles trabalham como guias no centro espírita para quitarem seus débitos contraídos no próprio centro?

– Eles que agradeçam à espiritualidade maior a oportunidade que lhes foi concedida.

– Nossa, Rodrigo, como Deus é amor, não é?

– Sim, Ele nos ama muito e nos oportuniza a todo o momento.

Ventania se aproxima de Rodrigo e Nicolas.

– Salve, Ventania!

– Salve, Rodrigo! Olá, Nicolas!

– Oi, Ventania!

– Como estão as coisas aí?

– Tranquilas. Nenhum obsessor tentou entrar.

– Que bom, Ventania! – diz o cigano.

– É aqui que você vai poder trabalhar, Nicolas – diz Rodrigo.

– Vai ser um prazer trabalhar ao lado do Caboclo Ventania.

– O prazer será meu, Nicolas – diz Ventania.

Lucas, outro guardião, se aproxima.

– Você já conhece o Lucas?

– Sim, Rodrigo, o Ventania me apresentou. Como vai, Lucas?

– Muito bem, e você?

– Tudo bem. Estou muito feliz com a oportunidade.

– Seja bem-vindo, amigo!

– Agora vamos entrar, Nicolas, que tenho uma surpresa para você.

– Para mim?!

– Sim, venha!

Nicolas adentra o centro com Rodrigo. A prece está sendo proferida. O silêncio toma conta do lugar.

À mesa, doze médiuns estão sentados e concentrados à espera de seus mentores. Alguns espíritos tarefeiros estão entre a multidão dando passes e energizando alguns assistidos.

Rodrigo fica atrás de um dos médiuns que estão sentados à mesa e convida Nicolas para ficar ao seu lado.

Uma densa névoa adentra o ambiente. Uma falange enorme de espíritos de luz começa a chegar. Duas fileiras de espíritos são formadas no meio do enorme salão. Um espírito muito iluminado irá chegar. Os espíritos abrem um espaço para que o iluminado adentre o centro espírita.

– Rodrigo, que lindo isso tudo! – diz Nicolas.

– Sim, é que agora irá chegar a mentora espiritual deste lugar.

– Um orvalho de gotículas de luz invade todo o ambiente. Uma enorme luz vem à frente de uma imagem feminina que se aproxima de todos.

Nicolas começa a chorar.

Rodrigo se aproxima do amigo.

Nina e Felipe se aproximam de Nicolas.

Daniel chega ao lado de Isabela.

– Meu Deus, obrigado! – diz Nicolas, ajoelhando-se.

Lágrimas correm no rosto do jovem rapaz, que está extremamente emocionado.

Isabela sorri para Nicolas.

Daniel fica para trás, todos assistem emocionados ao encontro entre Nicolas e Isabela.

Lentamente ele caminha em direção à jovem mentora espiritual, ladeada por guardiões de luz. Isabela abre os braços à espera de seu amado.

Extremamente emocionado, Nicolas se levanta e corre para abraçar Isabela, que o acolhe em seus braços. Ambos começam a chorar.

Todos os espíritos se emocionam. Alguns sorriem de felicidade, outros choram, emocionados.

A luz toma conta de todo o ambiente.

Rodrigo sorri feliz ao ver que tudo se cumpriu com amor.

Daniel abençoa a todos.

Nina, que tinha dado a mão a Felipe, deixa-o por um momento e se dirige até Daniel que está ao lado de Rodrigo.

– Lindo, não é, Daniel?

– Sim, Nina, como é bom poder assistir a tudo isso! Como é bom quando compreendemos o amor de Deus!

– Confesso que não acreditava que Isabela iria perdoar o Nicolas.

Após Nicolas ter deixado Isabela grávida na Turquia, ela foi estuprada e assassinada pelos inimigos dele, que queriam de alguma forma se vingar. Nicolas buscou proteção nas fileiras do exército romano e nunca mais voltou para buscar sua amada. Foi nessa mesma época que ele salvou Rodrigo e Tirá, livrando-os da tirania romana. Depois de muitos desencontros, Isabela decidiu nascer ao lado de Nicolas; ela decidiu encontrar-se com ele nessa que foi a sua última encarnação. Ela, finalmente, conseguiu perdoar o abandono de seu amado e tudo o que ela sofreu pelo abandono dele. Por isso o câncer na cabeça e o desencarne tão prematuro. Ela prometeu que assim que o perdoasse, voltaria para as esferas superiores donde havia saído para cumprir a missão de perdoar.

– Sim, eu pude acompanhar o drama dela ao reencarnar ao lado dele – diz Nina.

– Essa foi a mais sábia decisão de Isabela. Após cumprir o determinado e ter perdoado seu grande amor, ela assumiu uma das diretorias da Colônia do Moscoso, e tem realizado um lindo trabalho por lá. Agora ele ficará perto dela, guardando essa casa, onde ela é a mentora espiritual. Assim se cumpre mais uma etapa na evolução de Nicolas e Isabela.

– Eu lhe agradeço muito, viu Daniel, por essas oportunidades – diz Nina.

– Não podemos esquecer que tive a oportunidade de salvar o soldado que salvou a minha vida e a vida de Tirá, não é, Daniel? – diz Rodrigo, emocionado.

– Sim, Rodrigo, tudo se cumpriu. Parabéns a todos vocês! A você também, Felipe.

– Obrigado, Daniel.

Deus é maior – diz o sábio mentor espiritual da Colônia Espiritual Amor e Caridade.

Isabela traz nas mãos um facho de luz e o repousa lentamente nas mãos de Nicolas.

Mesmo sem entender bem o motivo do presente, Nicolas se ajoelha e agradece a linda mentora espiritual.

Isabela sorri e diz:

– Nicolas, essa pequena luz que lhe entrego é a cura de seu sobrinho Matheus. Assim que você terminar a tarefa de hoje, vá até a casa de sua irmã e despeje essa luz sobre a cabeça de seu sobrinho. Assim ele ficará curado do câncer na cabeça e poderá viver feliz ao lado de seus pais.

Todos se emocionam.

Nicolas curva o corpo sobre os joelhos dobrados ao chão e chora de alegria. Ele compreende que o que mais importa para o espírito é a evolução.

Feliz, Daniel abraça Nina e diz:

– Deus ama profundamente todos os filhos da criação, Nina. Hoje podemos ver um novo despertar nos corações aflitos de Nicolas e Isabela. Aqui se finda uma angústia que ambos carregaram por muito tempo, lhes atrapalhando a evolução. Quando todos compreendem que o perdão liberta a alma, toda a humanidade ascenderá à glória de Deus.

Nina sorri e abraça Daniel.

– Sim, Daniel, sim – diz Nina, emocionada.

Nicolas permanecerá ao lado de sua amada, sendo ele o guardião daquela casa espírita. A Colônia do Moscoso recebe agora seu mais novo e ilustre tarefeiro de luz.

FIM

"Assim Deus permitiu que todos se ajustassem para, juntos, evoluírem. Aqui está a história de Nicolas e Isabela."

Osmar Barbosa

Lembre-se:
Onde quer que você esteja, seja a alma deste lugar...
Discutir não alimenta. Reclamar não resolve. Revolta não auxilia. Desespero não ilumina. Tristeza não leva a nada. Lágrima não substitui suor. Irritação intoxica. Deserção agrava. Calúnia responde sempre com o pior. Para todos os males, só existe um medicamento de eficiência comprovada. Continuar na paz, compreendendo, ajudando, aguardando o curso sábio do Tempo, na certeza de que o que não for bom para os outros não será bom para nós...
Não julgue, para não ser julgado. Não se dê tanto valor, para não ser desvalorizado. Não critique, para não ser criticado e repudiado.
Não distribua seu veneno interior, em pequenas porções de sarcasmo, ironia e deboche, reavalie suas prioridades e busque a Deus.
Não seja rude ou grosseiro com as pessoas, elas não têm culpa dos males que lhe afligem. Respeite, para ser respeitado. Pessoas feridas ferem pessoas. Pessoas curadas curam pessoas. Pessoas amadas amam pessoas. Pessoas transformadas transformam pessoas. Pessoas chatas chateiam pessoas. Pessoas amarguradas amarguram pessoas. Pessoas santificadas santificam pessoas.
Quem eu sou interfere diretamente naqueles que estão ao meu redor.
Acorde...
Se cubra de Gratidão, se encha de Amor e recomece... O que for benção para sua vida, Deus te entregará, e o que não for ele te livrará! Um dia bonito nem sempre é um dia de sol... Mas com certeza é um dia de Paz.

Chico Xavier.

Conheça outros livros psicografados por Osmar Barbosa.

Procure nas melhores livrarias do ramo ou pelos *sites* de venda na internet.

Acesse

www.bookespirita.com

Outros títulos lançados por Osmar Barbosa

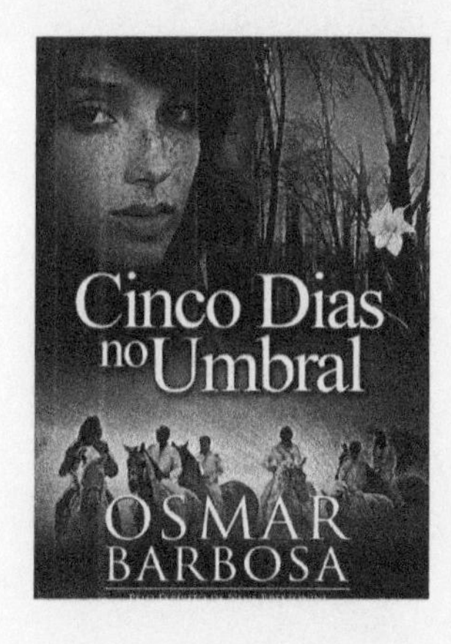
Cinco Dias
no Umbral
OSMAR
BARBOSA

OSMAR
BARBOSA
Gitano
AS VIDAS DO
CIGANO RODRIGO

O
Guardião
da Luz
OSMAR
BARBOSA

Osmar Barbosa
Pelo espírito Daniel
Orai
&
Vigiai

COLÔNIA ESPIRITUAL
AMOR & CARIDADE
OSMAR
BARBOSA

Ondas da Vida
OSMAR
BARBOSA
Pelo Espírito de Nina Brestonini

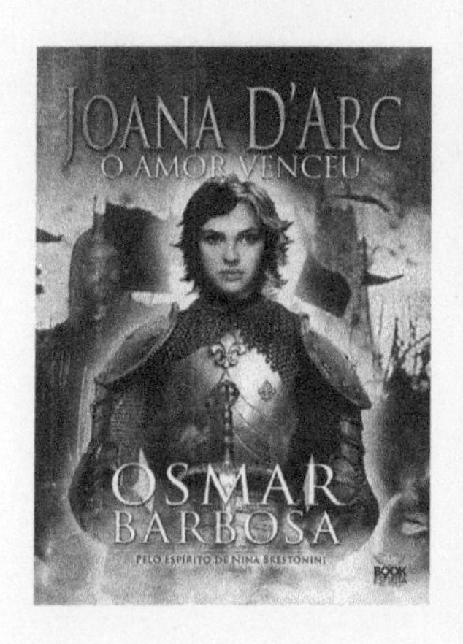
JOANA D'ARC
O AMOR VENCEU
OSMAR
BARBOSA
Pelo Espírito de Nina Brestonini

ANTES QUE
A MORTE NOS
Separe
OSMAR
BARBOSA
Pelo Espírito de Nina Brestonini

A
BATALHA
DOS
ILUMINADOS
OSMAR
BARBOSA
Pelo Espírito Daniel

OSMAR
BARBOSA
PELO ESPÍRITO DE NINA BRESTONINI
ALÉM DO SER
A História de um Suicida
BOOK ESPÍRITA

500
almas
OSMAR
BARBOSA
PELO ESPÍRITO DE NINA BRESTONINI
BOOK ESPÍRITA

OSMAR
BARBOSA
PELO ESPÍRITO LUCAS
EU SOU
EXU
BOOK ESPÍRITA

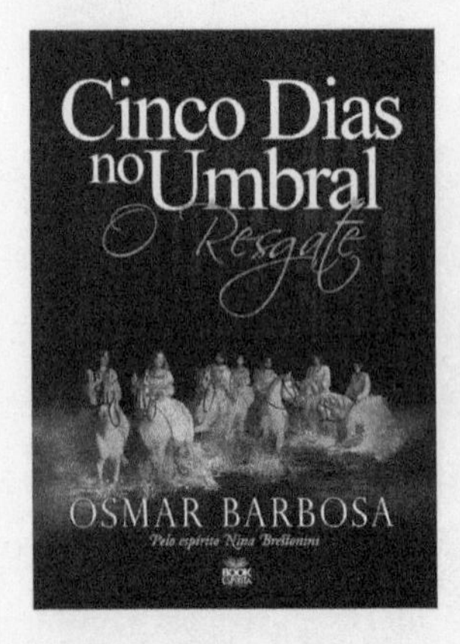
Cinco Dias
no Umbral
O Resgate
OSMAR BARBOSA
Pelo espírito Nina Brestonini
BOOK ESPÍRITA

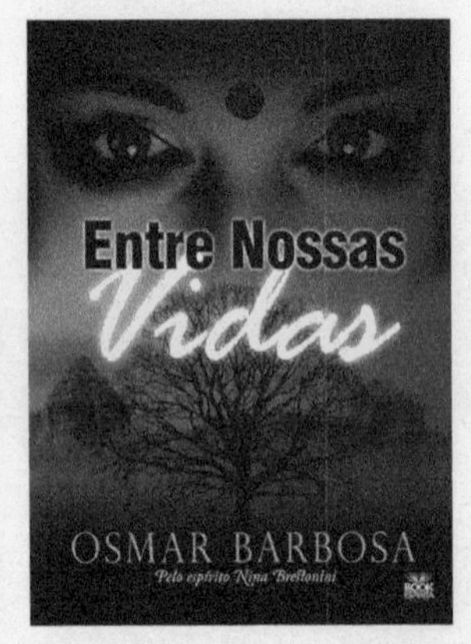
Entre Nossas
Vidas
OSMAR BARBOSA
Pelo espírito Nina Brestonini
BOOK ESPÍRITA

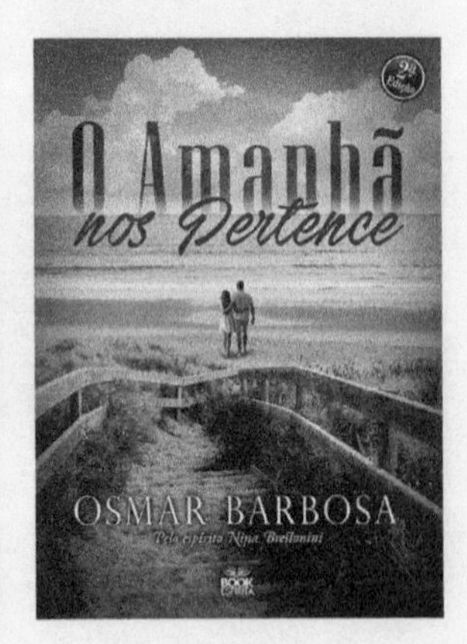
O Amanhã
nos Pertence
OSMAR BARBOSA
Pelo espírito Nina Brestonini
BOOK ESPÍRITA

Mãe,
voltei!
OSMAR BARBOSA
PELO ESPÍRITO NINA BRESTONINI
BOOK ESPÍRITA

O Lado
Azul da
Vida
OSMAR
BARBOSA
PELO ESPÍRITO NINA BRESTONINI
BOOK ESPÍRITA

Esta obra foi composta na fonte Times New Roman corpo 12.

Rio de Janeiro, Brasil, outono de 2017.

BOOK
ESPÍRITA
EDITORA